#balancetonporc

Sandra Muller

#balancetonporc

Flammarion

87, quai Panhard-et-Levassor
75647 Paris Cedex 13

ISBN : 978-2-0814-4295-5

1

Naissance d'un hashtag : un cri de colère #balancetarage

Balance ton porc est né un vendredi 13 octobre 2017 dans un café new-yorkais aux allures de bistrot français, sur le coin d'une table tout près de Central Park. Cet après-midi-là, il me faut moins de cinq minutes pour lancer un phénomène international, un mouvement féministe qui secouera la société française puis le monde entier. Près d'un an plus tard, près d'un million de messages au secours ont été envoyés sur #balancetonporc.

Ce vendredi 13, impossible d'écrire mes articles de chez moi, il me faut du bruit, de l'animation, du mouvement. Je file au café au bout de ma rue, niché à la frontière exacte de l'Upper West Side, quartier familial, et Harlem, populaire, multiculturel et dorénavant bobo. Profitant d'une pause durant le décryptage d'une interview, je passe un coup de téléphone à V., que j'appellerai Victoire, une amie de longue date anciennement journaliste. Nous discutons avec ardeur et émotion de l'actualité « féministe » du moment : ces hommes, ces « porcs » que le cinéma hollywoodien cache depuis toujours en son sein, et qui brutalement, déconfits, sidérés, désarçonnés, voient leur comportement étalé au grand jour dans les médias, et découvrent avec stupeur que certaines de leurs paroles, certains de leurs gestes sont violemment condamnés par le public américain.

Nous nous offusquons d'un commun accord, Victoire et moi, de l'impunité dont ces « gros porcs » ont jusqu'ici bénéficié. Tout le monde sait. Personne ne parle. L'omerta à Hollywood, rien d'étonnant en somme. La conversation dérive : qu'en est-il de la France ? Du milieu du cinéma ? Ou de l'audiovisuel ? Où en sommes-nous, nous, Français ?

Bien sûr que nous avons aussi notre lot de détraqués. Lors de festivals de télévision ou de cinéma à Cannes, les mains baladeuses, les allusions sexuelles, les coups de fil au milieu de la nuit d'une personnalité avinée nous enjoignant de la rejoindre dans sa chambre ne sont pas des exceptions. Et la réalité, c'est que, irritées, agacées, parfois carrément choquées, nous composons malgré tout avec ce comportement inacceptable, lors des soirées organisées par les professionnels, lors des festivals – Cannes ou ses équivalents en télévisions, MIPTV ou Mipcom. Nous aussi, finalement, agissons donc comme si tout cela était normal…

Ces sales habitudes sont ancrées dans notre société de connivence dominée par le patriarcat et le machisme. Souvent, à Cannes, quand, entre journalistes, nous nous retrouvons le soir pour dîner, au terme d'une journée harassante, ces situations saugrenues et pathétiques alimentent nos conversations. Nous prenons le parti d'en rire. Mais ce sont des rires jaunes, grinçants, désabusés, de pauvres subterfuges pour dissimuler notre gêne latente. Laquelle va bientôt déferler.

Car nous en avons assez d'avaler des couleuvres à Macholand. Durant ces festivals, le rythme professionnel est soutenu : écriture, rendez-vous, interviews s'enchaînent. Et il faut en plus se farcir les comportements inappropriés imposés par les porcs du cinéma, de l'audiovisuel, de la musique et d'ailleurs. Ça ne peut pas durer.

Retour à notre conversation téléphonique… Nous convenons Victoire et moi que le milieu du cinéma n'a pas l'exclusivité de ces comportements immondes auxquels se livrent plus d'indélicats que l'on ne s'imagine. Dans le milieu moins glamour du petit écran, ces comportements aussi sont admis. L'omerta existe. Imposante. Ce que nous nous racontons parfois entre filles dans les fameux dîners devra immanquablement se retrouver un jour ou l'autre sur la place publique.

Ce vendredi 13 octobre 2017, mon amie me raconte que lorsqu'elle était journaliste, lors d'un salon réservé aux médias, elle a reçu un appel à 3 heures du matin : l'un de ses anciens patrons lui demandait de le rejoindre pour boire un verre dans sa chambre. Je n'en reviens pas car ce patron, je le connais bien. Victoire enchaîne avec une anecdote du même type, mais nettement plus graveleuse : à un moment de sa carrière, elle a choisi de s'orienter vers les relations publiques dans une agence de publicité. Elle me raconte une réunion dont le souvenir lui laisse encore un goût amer : son boss et un client, que je connais également, lui ont demandé de passer sous la table en faisant une grossière allusion sexuelle : « Tu adores ça, passer sous les tables et brancher les prises ! » Gros rires gras des deux hommes. « Devant ma tête déconfite, m'explique-t-elle, mon boss m'a expliqué que c'était de l'humour et que dans la publicité, on a de l'humour… »

Victoire n'a même pas besoin de me dire quels sentiments d'humiliation et de dégoût l'ont alors traversée : je le ressens aussi, dans tout mon corps. Et me revient brutalement le souvenir amer de la phrase que m'avait jetée l'ancien président de la chaîne Equidia, un jour de festival de la télé à Cannes : « Tu as de gros seins. Tu es mon type de femme. Je vais te faire jouir toute la nuit ! »

Ces souvenirs pénibles, partagés avec mon amie, agissent sur moi comme un révélateur : tout ça ne peut plus durer. Ces humiliations, ces attitudes sexistes, irrespectueuses, ces abus de pouvoir n'ont plus leur place dans la société du XXIe siècle.

J'ai en mémoire la double page du *Parisien* signée de mon ami Renaud Baronian consacré à l'affaire Harvey Weinstein, et à un article titré « À Cannes, on l'appelait "The pig", le porc ». Le premier du genre, publié le 12 octobre.

Victoire est d'accord avec moi, il en va aussi de notre responsabilité. Nous ne devons plus nous taire : il faut balancer ces porcs, les balancer une fois pour toutes ! Elle me suggère de lancer un hashtag sur Twitter, par exemple #dénoncetongrosporcpuant. J'ai déjà devancé sa suggestion, en envoyant aussi sec sur les réseaux sociaux un pudique : « Et si nous aussi on donnait les noms des prédateurs sexuels qui nous ont 1/manqué de respect verbalement 2/tenté des tripotages. Qui ? »

Deux heures plus tard, à 17 h 06 exactement, me vient le hashtag qui va enflammer la France : trois mots tout simples, crus, décisifs. Sur Twitter, je lâche : « #balancetonporc !! Toi aussi raconte en donnant le nom et les détails un harcèlement sexuel que tu as connu dans ton boulot. Je vous attends ». Quelques heures de réflexion supplémentaires me seront encore nécessaires pour dénoncer mon porc à moi… Et c'est alors que les autres femmes commenceront à témoigner…

« Balance ton porc ça n'est pas élégant. Mais le viol, est-ce que c'est élégant ? » lancera plus tard avec fermeté Danielle Mérian, une ex-avocate devenue activiste, célèbre pour avoir pris la parole au lendemain des attentats du Bataclan. Cette dame d'un certain âge, tirée à quatre épingles, validera ainsi le mouvement, et transformera mon utilisation de la grossièreté en un outil légitime et incontournable. Outil aujourd'hui, arme demain. La sonorité de mon hashtag est aussi brutale que les violences que nous subissons quasiment toutes. La parole visant un attribut féminin, un sein, une fesse, ou évoquant une agression sexuelle ou un viol n'a rien d'élégant : or combien d'entre nous l'ont déjà subie ? Combien ont déjà subi une parole déplacée, vexante, dégradante au cours de leur carrière ? Dans la rue ? Dans les transports ? Combien d'entre nous ont déjà eu à esquiver une interpellation grossière, une main qui frôle les fesses ou se fait un peu trop insistante sur la hanche, au creux de la taille, ou à la naissance du cou ?

Si mai 1968 a libéré la femme en pratique, cette période charnière porte encore les stigmates d'une domination patriarcale. Combien d'entre nous sont entravées par des chaînes invisibles de soumission ? Je réponds par ce hashtag à la mesure de ce que nous, femmes, entendons trop souvent. Par la vulgarité. Par la loi du talion.

En termes d'image, ce #balancetonporc est donc fort, et dérangeant. Et son côté vulgaire et populaire interpellera le plus grand nombre, bien au-delà de ce que je pouvais espérer lorsque je l'ai lancé. Il incarnera un mouvement international, qui se répandra dans plus de quatre-vingt-cinq pays, des États-Unis en passant par l'Inde et la Colombie. En sept mois, plus de 850 000 messages seront envoyés spontanément. Frisant le million en septembre 2018.

À New York, où je vis, l'ambiance devient oppressante et les femmes commencent à parler… À Hollywood, passé la saison des incendies d'été, un autre feu s'est allumé, quelques semaines avant #balancetonporc. Il semble de plus en plus clair que les femmes ne veulent plus se consumer dans les flammes de la honte et du silence. Elles ne veulent plus étouffer. Se levant une à une, comme une armée incandescente, elles prennent la parole. Elles dénoncent, prononcent des noms trop longtemps tus. De leur bouche sort un souffle brûlant et ravageur, qui peut réduire leurs tortionnaires en cendres.

La lame de fond vient de Rose McGowan, actrice de la série *Charmed* (aux côtés d'Alyssa Milano qui créera plus tard le mouvement #MeToo), populaire dans l'Hexagone durant les années 2000, et connue pour son franc-parler : elle lance « #Be Brave – Sois courageuse » pour briser le silence de Hollywood.

Après avoir subi les assauts de Harvey Weinstein, elle le jette en pâture sur la place publique. L'actrice Ashley Judd, qui a échappé de peu à une tentative de viol par le producteur dans une chambre d'hôtel, décide à son tour de parler, après une longue période de silence. L'actrice italienne Asia Argento publie un site qui comporte plus de cent noms de victimes, dont certaines appartiennent au milieu de Hollywood que l'on retrouve chaque année au Festival de Cannes. Cannes, où la débauche est reine, et où des armées de producteurs, réalisateurs et autres professionnels du cinéma et de l'audiovisuel viennent faire du « business ». Cette synergie Hollywood/Cannes explique en partie pourquoi l'affaire Weinstein va rebondir dans différents points du globe.

Mon #balancetonporc est moins lisse, moins poli qu'un #BeBrave mais le résultat sera le même : la parole va se libérer enfin et la peur changer de camp. Peu importent les « nuances » de nos accusations : qu'il s'agisse de dénoncer une drague lourde et dégradante, des allusions sexistes, des attouchements ou un viol, le hashtag entraîne tout sur son passage. L'agression, qu'elle soit verbale ou physique, est restée trop longtemps taboue, l'incendie de la colère se propage, il est trop tard pour l'éteindre.

Dès le lancement du hashtag, les réactions affluent. D'abord timides et modérées, elles déferlent au cours de la nuit du 13 au 14 octobre. Je reçois des alertes incessantes, qui me réveillent régulièrement en sursaut. La sécurité de Twitter s'active : le réseau veut savoir si je suis bien titulaire du compte qui déchaîne autant de passion, si je n'ai pas été piratée. Du fond de mon lit, je prends vaguement conscience que quelque chose d'important est en train de se dérouler, sans toutefois en mesurer vraiment la portée. Heureusement pour moi d'ailleurs, cette sensation de flottement, de flou, de conscience limitée va perdurer. Cela me permettra, malgré la tempête qui s'annonce, d'assumer mon acte sans me remettre en question : car j'ai raison. La victime c'est moi. Pas lui.

Les sanctions sont immédiates

Mon amie Victoire est l'une des premières à témoigner sur les réseaux sociaux, en réponse à mon hashtag. Mais dès le surlendemain, elle m'appelle : certains clients n'ont pas apprécié qu'elle règle ses comptes publiquement, elle a perdu des contrats. Sa vie personnelle est déjà affectée, les pressions sur son entourage, fortes. L'avocat de la personne qu'elle a mise en cause l'a contactée. Elle me demande de retirer sa réponse à mon tweet sur les réseaux sociaux. Je m'exécute en me promettant ne pas suivre son chemin : personne ne me fera revenir sur le mien ! Elle livre toutefois un dernier message sibyllin, son dernier tweet sur le sujet : « Silence radio. No more comments. »

Peu de temps après, je reçois une mise en demeure de la part d'Éric Brion, l'ancien patron de la chaîne Equidia que j'ai balancé dans mon tweet, celui qui « assurait qu'il me ferait jouir toute la nuit »... Il m'intime de retirer mon message alors qu'il a déjà fait l'objet de centaines de commentaires, et le tour du monde... Comme à mon habitude, je prends le courrier, je le mets de côté en me disant que je l'étudierais plus tard et je minimise le problème. C'est ma façon de me protéger. Quelque temps plus tard – des heures, des jours, j'ai perdu la notion du temps –, la colère revient. Il est hors de question que je cède à ce chantage, dont je mesure les conséquences sur Victoire : les pressions sur elle pour qu'elle efface toute trace de ses mises en accusation persistent… Elle est très fragilisée et à deux doigts de craquer. Il faut dire que la clause de confidentialité qu'elle a signée ne l'aide pas. Les avocats lui font comprendre qu'elle doit rembourser si les accusations sur les réseaux ne cessent pas et si elle ne les efface pas. Nous n'en sommes pas encore à l'ère où des Américaines, comme Stormy Daniels, ex-call-girl qui a dévoilé sa relation avec Donald Trump, n'hésitent pas à dénoncer leur contrat de confidentialité. Je trouve louche la réaction des hommes de lois : Victoire ne révèle pas des secrets de l'entreprise. On est dans le cadre de comportements inappropriés sur un lieu de travail. C'est différent ! Je ne suis pas juriste mais j'ai l'impression que le cadre ne colle pas et qu'on est dans un abus de pouvoir de l'entreprise. Je comprends alors que le combat sera sans merci. Il est évident qu'on cherchera à me faire taire moi aussi. C'est mal me connaître. Je ne battrai pas en retraite pour un confort social.

2

L'affaire Weinstein : une lame de fond #balancethepig

Aux États-Unis où je vis, l'affaire Weinstein a éclaté le 5 octobre sous la plume de deux femmes. Dans le *New York Times*, les journalistes Jodi Kantor et Megan Twohey publient « Harvey Weinstein paie des décennies de harcèlement sexuel ».

Des mois plus tard, elles obtiendront le prix Pulitzer dans la catégorie « Service public » aux côtés de Ronan Farrow qui écrira aussi sur le sujet. Pour ma part, j'avais sincèrement souhaité qu'ils l'obtiennent et tweeté à plusieurs reprises combien ils le méritaient.

Ce 16 avril, alors que je suis en France pour renouveler mon visa, je jubile à l'annonce des résultats. La parole des femmes est libérée et mes confrères journalistes sont reconnus pour leurs travaux sur le sujet : c'est un grand pas. J'envoie des messages à Sabina Lee, une relation professionnelle devenue une amie proche, qui s'occupe des relations publiques du prix : « We made it ! On l'a fait ! »

Les journalistes lanceurs d'alerte

Le 31 mai, je rencontre les finalistes. Lors d'une interview, Ronan Farrow m'explique l'admiration qu'il porte à ces femmes : « Je comprends le problème engendré par le traumatisme. Elles ont risqué leur carrière, certaines ont été violées. Elles ont affronté la justice. » Il ajoute : « Je suis content que les femmes aient parlé, pas seulement partout mais aussi dans la Cour de justice. Je sais que ça n'est pas qu'un moment de réjouissance, que c'est compliqué pour elles. Ce sont les femmes qui ont parlé et qui ont changé les choses, pas moi. »

Des célébrités aux anonymes, les accusatrices de Harvey Weinstein livrent leurs témoignages sordides. L'histoire remonte à une vingtaine d'années. L'actrice Ashley Judd se rend alors à l'hôtel Peninsula Berverly Hills pour ce qu'elle pense être un petit-déjeuner de travail. En entrant dans la chambre du producteur, elle le découvre en peignoir de bain. Il lui demande poliment si elle est d'accord pour lui faire un massage ou bien si elle accepte de le regarder prendre sa douche. « Comment pouvais-je quitter sa chambre le plus vite possible sans me le mettre à dos ? » se souvient-elle.

Au cours de son enquête, le *New York Times* a recueilli plusieurs témoignages : ceux d'une jeune assistante de Harvey Weinstein à New York en 1990, d'une actrice en 1997, d'une assistante en 1998, d'un mannequin en 2015 et de Lauren O'Connor, une ancienne employée : « J'ai 28 ans et je suis une jeune femme qui tente de faire carrière. Harvey Weinstein a

64 ans, il est mondialement connu. Dans la balance du pouvoir, moi : 0, lui : 10. »

Elle rédige une note, expliquant que Harvey Weinstein crée un « environnement toxique pour les femmes ». Elle raconte la fois où il lui a hurlé dessus : « Tu es faite pour devenir une épouse » et « faire des bébés ! ».

L'après-midi même de la publication de l'enquête, Weinstein s'explique : « Je me suis rendu compte que la façon dont j'ai agi avec mes collègues dans le passé a pu causer beaucoup de douleur, et je présente mes sincères excuses pour cela. Je vais tenter d'aller mieux, mais je sais que le chemin sera long à parcourir. »

À la suite de cette affaire, le producteur est licencié ainsi que d'autres membres de sa compagnie. Le cours de sa société, la Weinstein Company, chute en Bourse puis elle est mise en vente. Il aura fallu à peine quelques jours pour que les effets sur la gouvernance de l'entreprise et sa valeur économique soient catastrophiques. Son entreprise évaluée à 500 millions ne vaut plus grand-chose.

Immédiatement, ce scandale, qui réunit tous les ingrédients d'un bon scénario – pouvoir, sexe, argent sous le soleil de Hollywood –, est repris sur toutes les chaînes de télévision, radios et journaux américains. Les allégations concernant Harvey Weinstein n'atteignent pas uniquement le tout Hollywood, mais aussi le public, nourri de ses films et de sa culture populaire. Car le producteur Harvey Weinstein a obtenu six Oscars pour des films aussi diversifiés et célèbres que *Sexe, mensonge et vidéo*, *Pulp Fiction*, *Will*

Hunting. Côté français, il distribue *via* la société Miramax *La Reine Margot* de Patrice Chéreau avec Isabelle Adjani, ou *The Artist* avec Bérénice Bejo. Il prend aussi en charge le devenir américain de films comme *Le Fabuleux Destin d'Amélie Poulain*, *Intouchables* et décroche une Légion d'honneur remise par Nicolas Sarkozy – laquelle lui sera retirée par le président Emmanuel Macron.

Le ping-pong entre la France et les États-Unis (#balancedanslHexagone)

En France, on commence vaguement à s'intéresser à l'affaire alors que, aux États-Unis, Twitter s'enflamme avec les témoignages de victimes ou les messages de soutien aux femmes qui ont osé parler : « Les femmes se battent. Et les hommes restent. Nous avons besoin d'alliées », suggère Rose McGowan après avoir lancé son #BeBrave.

Brie Larson, une autre actrice américaine – connue pour avoir été récompensée en 2016 pour son rôle de jeune fille kidnappée par un psychopathe dans *Room* –, s'adresse à son tour aux victimes : « Ce n'est pas de votre faute, je vous crois. »

J'avoue ne pas être habituellement une fan du monde du cinéma. Mais je suis impressionnée par toutes ces actrices, ces victimes qui osent témoigner à visage découvert. Elles ont des contrats précaires et leur réputation ne tient qu'à un fil, pourtant elles « balancent ». Sans se poser de questions. Et, elles ont raison, puisqu'aux États-Unis on ne leur reproche aucune trahison ou délation. Ici, ce sont nos héroïnes.

Les journalistes du *New York Times*, les vraies révélatrices

Deux femmes ont révélé l'affaire : Jodi Kantor et Megan Twohey. La première a été reconnue en 2004 comme l'une des quarante New-Yorkaises les plus influentes selon le magazine *Crain's* et récompensée en 2012 par le prix de la société d'édition Feminist Press. Quant à Megan Twohey, elle a couvert les allégations d'agression sexuelle de Donald Trump. Elle a aussi signé un reportage sur les enfants abandonnés et a enquêté sur un médecin violeur. Elle a aussi frôlé quelques années plus tôt l'obtention d'un Pulitzer pour l'un de ses reportages. Pourtant ces deux femmes resteront dans un relatif anonymat jusqu'à ce qu'elles décrochent des mois plus tard le prix Pulitzer. Dans le cadre de mes fonctions, je les rencontre pour les interviewer lors de la cérémonie de remise le 30 mai 2018 à la prestigieuse université Columbia abritant l'école de journalisme à l'origine des prix. Megan Towhey, radieuse, l'œil pétillant, me confie lors de la cérémonie de remise : « C'est vraiment spécial, pas seulement pour les reporters du *New York Times*, mais pour tous ceux qui l'ont couvert en général. C'est une victoire importante pour les femmes en général. » De son côté, Jodi Kantor, plus grave, s'exclame : « Ce sont les femmes en général qui ont pris des risques. On a l'habitude d'enquêter dès le matin quand on se réveille. On connaît l'impact social, le pouvoir de nos articles, on le mesure. Mais ça apporté beaucoup surtout aux femmes. Cela a marqué une rupture pour elles. Elles auraient pu aussi ne pas participer mais elles l'ont fait. »

Ronan Farrow : l'acharné

Retour dans l'Hexagone, au mois d'octobre 2017. En France cette affaire scandaleuse n'est pour le moment encore qu'un vague brouhaha, dont le niveau sonore n'atteint pas le grand public, ou si peu. Des articles sur le sujet sont essentiellement des traductions de la presse américaine. Jusqu'à ce qu'un jeune journaliste américain réussisse à obtenir le témoignage de nouvelles victimes, dont des Françaises…

C'est parce que Ronan Farrow a fait parler les premières Françaises que l'affaire a traversé les frontières françaises. Après le tsunami du *New York Times*, il provoquera l'ouragan du *New Yorker*.

À l'origine, donc, ce jeune journaliste dont le profil colle parfaitement au standard du reporter baroudeur des films américains. Ronan Farrow a une trentaine d'années, une blondeur à la Kennedy, un beau visage aux traits encore enfantins, mais un regard affûté et tourmenté qui tranche avec son look candide. Ce jeune homme est d'abord un surdoué : reçu à la prestigieuse Bard à 11 ans, il s'est payé le luxe de différer son entrée à Yale à 16 ans pour suivre le diplomate Richard Holbrooke sous l'ère Obama. Diplômé en droit de la prestigieuse université de Yale, inscrit au barreau de New York comme avocat, il a ensuite étudié les relations internationales à l'université d'Oxford. Porte-parole de l'Unicef, il est devenu conseiller spécial de la secrétaire d'État Hillary Clinton, puis journaliste, publiant des enquêtes dans le *Los Angeles Times*, l'*International Herald Tribune* ou le *Wall Street Journal*, ou pour des chaînes d'informations américaines.

Mais Ronan Farrow n'est pas seulement un jeune homme brillant au visage poupin : il porte aussi un héritage lourd. Officiellement, il est le fils de Mia Farrow, l'actrice révélée par *Rosemary's Baby* du très controversé Roman Polanski, et de Woody Allen, à qui il n'a jamais pardonné d'avoir quitté sa mère pour épouser leur fille adoptive Soon-Yi Previn.

Ronan Farrow a totalement coupé les liens avec son père suite aux accusations d'une autre sœur adoptive, Dylan, qui affirme que Woody Allen l'a violée lorsqu'elle avait 7 ans, ce que le cinéaste a toujours vigoureusement contesté.

Son enquête sur l'affaire Weinstein relève-t-elle de l'acte thérapeutique ? Quoi qu'il en soit, Ronan Farrow va enchaîner les articles à une cadence étonnante, ne rien lâcher, et ses recherches extrêmement sérieuses et documentées lui vaudront donc à lui aussi un prix Pulitzer... ainsi que l'obligation de déménager pour préserver sa sécurité. Il n'est guère étonnant que, marqué par son passé familial sulfureux, Ronan Farrow déploie toute son énergie à lutter contre les agressions sexuelles. Par ailleurs, il bénéficie du carnet d'adresses fourni de sa mère Mia, qui regorge de numéros de téléphone d'actrices dont certaines l'ont vu grandir. J'ai rencontré Ronan Farrow à plusieurs reprises, et constaté qu'il est très proche de certaines d'entre elles, avec qui il a noué une amitié et une intimité fortes, et un climat de confiance qui explique leurs confidences inédites.

Le 10 octobre 2017, il publie pour le *New Yorker* un véritable brûlot : « Assault : Harvey Weinstein's Accusers tell their story » que l'on pourrait traduire par « Agression : des tentatives d'approche au passage à l'acte sexuel : les accusatrices de Harvey Weinstein racontent leur histoire ».

Durant un an, Ronan a recueilli les témoignages de seize anciennes employées de la Weinstein Company, d'actrices comme Asia Argento – fille du réalisateur italien Dario Argento connu notamment pour ses films d'horreur –, de Mira Sorvino, Rose McGowan et surtout d'Ambra Battilana Gutierrez, mannequin italien de 24 ans qui réussit à piéger Harvey Weinstein. À la demande de la police, elle porte un micro sur elle lors d'une rencontre avec le producteur, et dans cet enregistrement on entend très clairement ce dernier lui faire des propositions totalement déplacées et même reconnaître des faits de harcèlement. Cet enregistrement sonore de deux minutes est divulgué sur le site du *New Yorker*.

Hélas, cette vidéo relance l'enquête du NYPD avant d'être, une fois encore, jugée insuffisamment probante pour faire tomber le « mogul ». En décembre 2017, je rencontre Cyrus Vance, le procureur de New York – celui qui avait tenté, en vain, de faire tomber Dominique Strauss-Kahn lors de l'affaire du Sofitel –, au consulat de France. Il m'indique de façon laconique qu'il continue à recueillir des preuves. Je comprends qu'il juge le dossier un peu fragile, et ne veut pas prendre le risque d'essuyer un autre revers. Pour renforcer son dossier, il va jusqu'à lancer un appel à témoin dans « Big Apple » sur une chaîne locale, New York 1.

Il faut bien comprendre que les États-Unis n'ont aucun problème à dénoncer une cause quand ils la jugent juste et que la culture de l'affichage comme appel à témoins est ici dans les mœurs. À la télévision, à la radio et même dans les supermarchés les avis de recherche pleuvent. Dans ces derniers, ceux qu'on appelle les « shoplifter », ou voleurs de magasin, voient leur portrait, tiré des caméras de surveillance, affiché à l'entrée du magasin. Dissuasif. Évidemment, ça ne choque personne.

Même si Weinstein fait l'objet d'au moins seize procédures à New York, Los Angeles, Toronto et Londres, il reste libre.

« Ces enquêtes qui exigent de nombreuses recherches de preuves et de témoignages devraient durer des années », estiment alors les journalistes Catherine Balle et Roberto Garçon dans *Le Parisien*. Mais le #MeToo est en marche et rien ne peut l'arrêter. Ne pouvant plus ignorer les voix de ces femmes, le mercredi 25 mai, Weinstein est arrêté, menotté, puis emmené au palais de justice devant les caméras du monde entier. Je me rends le jour même sur les marches pour commenter son arrestation pour Europe 1 et TV5. C'est un grand jour pour les victimes. Pourtant, il faudra se méfier de la défense emmenée par Benjamin Brafman, l'avocat de Dominique Strauss-Kahn, qui a à cœur de démolir l'argumentation des victimes, de trouver des contradictions en fouillant grâce à son client dans leur passé. Même avocat que l'ancien patron du FMI accusé lui aussi d'agression sexuelle en 2011 puis relaxé, même procureur puisque Cyrus Vance est encore une fois aux commandes. Mais l'époque est différente. Si la colère des victimes gronde, le dossier sera-t-il suffisamment étayé pour l'inculper ? Il ressortira le jour même du tribunal avec une caution de 1 million de dollars et un bracelet électronique.

Un tournant dans l'Hexagone : quand les actrices françaises balancent

Au cours de son enquête, Ronan Farrow recueille le premier témoignage d'une Française : Emma de Caunes. L'agression dont elle dit avoir été victime se serait déroulée à l'hôtel Ritz, à Paris, au cours d'un repas. Le producteur Weinstein lui propose de monter dans sa chambre sous prétexte de lui montrer le livre qui servira au scénario d'un film « dont il ne se souvient plus du titre ». Prétextant un rendez-vous bien réel avec Eminem pour une émission qu'elle anime, Emma de Caunes tente de prendre la poudre d'escampette. Mais Weinstein insiste, et elle accepte de l'accompagner brièvement dans sa chambre pour regarder le livre : « J'ai répondu à un coup de fil au moment où je l'ai vu filer à la salle de bains. Puis j'ai entendu l'eau de la douche couler avant de le retrouver nu et en érection devant moi. »

Weinstein lui demande alors de s'allonger sur le lit « comme beaucoup de femmes avant elle ». Se sentant « traquée comme un animal », elle décide de partir. À ce moment-là, Weinstein lui aurait tenu des propos surréalistes : « C'est comme dans un film Disney », lui dit-il… Emma de Caunes explique à Ronan Farrow avoir trouvé une parade aussi invraisemblable avant de filer : « J'ai toujours détesté les films Disney… », lui répond-elle ! « En parlant avec des amis, ajoute-t-elle, je me suis aperçue que tout le monde savait ce qui se passait à Hollywood. Quand je dis tout le monde, c'est tout le monde ! »

Par la suite, plusieurs actrices françaises dont Eva Green, Judith Godrèche, Léa Seydoux et Florence Darel s'avouent également victimes du producteur. Après ces révélations, les Français commencent à regarder de l'autre côté de l'Atlantique et à s'intéresser sérieusement à ce prédateur américain qui semble avoir ajouté leurs compatriotes à son tableau de chasse.

Pour ma part, je récolte sur Facebook le témoignage d'une autre actrice française… Mais sous la pression de « gens du milieu », elle retire son post. J'établis un contact avec elle. Elle souhaite s'en tenir là suite aux représailles suscitées par la publication de son accusation : « des producteurs, des réalisateurs » lui ont bien fait comprendre qu'elle a tout intérêt à se taire. Elle me cite d'autres agressions avec des gens connus du métier. J'ai tous les détails dans un dossier secret où j'ai recueilli des informations d'anonymes et de célébrités qui sont venues spontanément se confier à moi. J'y ai recensé plusieurs dizaines de témoignages. Édifiants pour la plupart.

« Tout le monde savait. » Cette phrase me hante. Elle revient en boucle. Tout le monde savait. Mais personne n'a rien dit.

La genèse de #balancetonporc et autres #MeToo (@balancetonhashtag)

C'est une société dont je n'ai jamais entendu parler aux États-Unis, Visibrain, qui calcule l'audience de

#balancetonporc. Cet institut de veille de plateforme met à disposition de ses abonnés, ou de certains journalistes, un outil de mesure des hashtags en vogue. Il me sera une aide précieuse, et nous travaillerons toujours en bonne intelligence. Je reprends ses chiffres et j'en donne la source à chaque interview. Mais je remarque vite que les chiffres donnés par mon partenaire français et mon partenaire américain sont totalement différents. Quand Visibrain donne 3 millions de messages pour #MeToo, les États-Unis en dénombrent 12 millions dès le premier jour, selon l'agence Associated Press. *A priori*, les mesures américaines incluent aussi les messages privés sur Facebook. Je choisis le mode de calcul français pour mesurer la popularité de #balancetonporc, sachant que les données peuvent être quatre fois plus importantes en fonction de la méthodologie.

Maïlys Mas-Garrido, mon interlocutrice dans cette compagnie, me fait des mises à jour régulières. Elle m'explique que, depuis les débuts de Visibrain, elle n'a jamais vu un # prendre autant d'ampleur, d'autant qu'elle ne constate pas de véritable pause dans l'engouement. Des mois après son lancement, il est toujours utilisé. Quand un problème de harcèlement sexuel refait surface dans l'actualité – et c'est, hélas, courant –, le # repart de plus belle. Il donnera lieu à des dérivés, des #balancetonhosto, #balancetonpedo et autres mouvements de protestation.

Je pensais, personnellement, que le phénomène allait retomber comme un soufflé au bout de quelques jours. J'avais tort. Je me souviens de cet appel de la société de production d'Emmanuel Chain, Elephant et Cie, qui souhaite envoyer une équipe de l'émission « Sept à Huit » pour me filmer pendant quelques jours, afin de comprendre comment je gère la situation. Je réponds avec humour qu'il serait compliqué de me filmer la nuit dans mon lit, essayant désespérément d'ignorer les sursauts de mon smartphone à chaque retweet, et que mon action consiste surtout à passer beaucoup de temps durant la journée à répondre aux sollicitations, ce qui n'est pas tellement télégénique… Je décline donc poliment la proposition, il me semble inutile de faire prendre l'avion à toute une équipe : « Dans deux jours, cet engouement sera fini, vous verrez ! »

Sur ce coup-là, mes confrères ont été plus perspicaces que moi…

#MyHarveyWeinstein : genèse du hashtag

#balancetonporc n'est pas le premier hashtag né de l'affaire Harvey Weinstein. Quelques jours avant lui, le 6 octobre 2017, #MyHarveyWeinstein a vu le jour explique Visibrain, suite à un article du *New York Times* à l'initiative de l'avocate anglo-saxonne Sophia Cannon. Sur un *thread* de dix tweets elle raconte sa « Harvey Weinstein experience » : « #MyHarveyWeinstein tried to sexually assault me in chambers yet followed me to a party, and did so there. »

Mais le hashtag américain qui porte le nom de Harvey Weinstein préfigurant le #MeToo mouvement est un bide : « il peine à percer sur les réseaux sociaux », remarque Visibrain. « En trois jours, il ne sera utilisé que cent quatre-vingt-dix-huit fois. »

Le 13 octobre 2017 à 14 h 06, mon fameux #balance tonporc voit le jour sur Twitter « Au départ le premier tweet (14 h 06, heure française) a pour but d'encourager les femmes ayant subi toute agression ou harcèlement sexuel à s'exprimer. « #balancetonporc !! toi aussi raconte en donnant le nom et les détails un harcèlement que tu as connu dans ton boulot. Je vous attends. » Mais le hashtag peine à se lancer sur les réseaux sociaux, poursuit Visibrain. C'est en donnant le nom de mon agresseur que le hashtag : « "Tu as des gros seins. Tu es mon type de femme. Je vais te faire jouir toute la nuit" Éric Brion ex-patron de Equidia #balancetonporc. »

Le 14 octobre, à 17 h 58 #balancetonporc devient viral grâce au tweet de la journaliste de France Inter, Giulia Foïs qui raconte à son tour sa propre expérience : « Un red chef, grande radio, petit couloir, m'attrapant par la gorge : "un jour, je vais te baiser, que tu le veuilles ou non" #balancetonporc. »

Ma consœur Giulia Fois a cassé les barrières du silence, et donne le la du mouvement. Dans la nuit, je commence à être assaillie de messages en privé : des réactions de journalistes, de followers, de professionnels des médias. Les témoignages commencent à fleurir, souvent anonymes car ils émanent de femmes encore en fonction qui craignent de perdre leur emploi.

Alors que je tente de dormir, une notification m'alerte : un homme me demande de lancer un #balancetatruie pour éviter le sexisme. J'accepte. En fouinant sur le Net, je m'aperçois qu'il existe déjà depuis quelques minutes, mais je lui donne une seconde vie en l'exposant. Pendant ce temps, je reçois une notification de Twitter qui me signale que l'activité sur mon compte est anormale. Je lance des captures d'écran quasi ininterrompues. Les réactions des followers me passionnent, j'y trouve beaucoup de sincérité, de désarroi, de la sagesse, de la colère mais aussi un flot discontinu de révolte. On m'envoie aussi des kyrielles d'informations, d'articles, de données chiffrées, d'études que je commence à lire. Je ne dors plus. Ce sera la première nuit d'une longue série.

La presse s'empare du mouvement #balancetonporc : le phénomène prend une tout autre ampleur. La planète Twitter s'approprie le phénomène et un véritable engouement inédit s'opère autour du hashtag. En effet, en seulement trois jours, alors que son « homonyme anglophone peine à atteindre les 200 mentions », écrit encore Visibrain, #balancetonporc atteint des volumes mille fois plus élevés avec plus 200 000 mentions sur les réseaux sociaux. La croissance exponentielle du hashtag fait écho dans la sphère journalistique. Presse, radios, émissions et journaux télévisés s'emparent du phénomène. Au total, en seulement soixante-douze heures et uniquement sur la presse en ligne on compte plus de 900 articles publiés.

Au bout de huit jours, Visibrain est le premier étonné du phénomène : « cela fait une semaine que #balancetonporc a été lancé. Une durée de vie record pour un hashtag. En effet, lorsqu'un hashtag buzze sur les réseaux sociaux, le *buzz* autour de ce hashtag est en général assez éphémère. Mais #balancetonporc continue de faire parler de lui. Depuis lundi 16 octobre, l'utilisation du hashtag a doublé pour atteindre les 413 941 mentions. Plus de 72 % des messages ont été publiés durant le premier mois de vie du hashtag. » On compte plus de 850 000 messages fin juin. Fin juillet, le hashtag totalise 900 000 messages.

Lancement de #MeToo deux jours plus tard (#balancetonmetoo)

L'information à l'heure du Net est circulatoire : le balancetonporc né en France, à partir de l'affaire Weinstein, rebondit aux États Unis deux jours plus tard avec le #MeToo, créé par l'actrice de *Charmed*, Alyssa Milano : « If you've been sexually harassed or assaulted write "me too" as a reply to this tweet. »

« Si toi aussi tu as été agressée sexuellement ou attaquée, raconte ton histoire en utilisant #MeToo dans ta réponse. » C'est quasiment le même message que #balancetonporc créé deux jours avant.

« #balancetonporc !! toi aussi raconte en donnant le nom et les détails un harcèlement que tu as connu dans ton boulot. Je vous attends. »

Mais les effets du #balancetonporc américain sont décuplés. Le 15 octobre, à 4 h 21, 92 000 personnes s'emparent de #MeToo. Il va propulser le mouvement encore plus loin dans le monde anglophone. En effet, en seulement cinq jours il a été repris plus de 1,7 million de fois selon Visibrain.

#MeToo et #balancetonporc se complètent

Alyssa Milano, l'enfant chérie d'une génération des années 1980 a joué dans *Madame est servie*, série familiale très populaire dans laquelle elle campe la fille de l'homme à tout faire de la maison. Elle est diffusée à peu près au même moment qu'une autre émission, le *Cosby Show*, qui verra son protagoniste incarcéré pour plusieurs viols d'actrices.

Alyssa Milano a trouvé une formule gagnante : elle reprend #MeToo, créé dix ans plus tôt par Tarana Burke, une activiste noire américaine à qui elle emprunte le concept. Elle traduit quasiment le message de #balancetonporc. L'actrice indique avoir pris elle-même l'avis d'« un ami » avant de lancer MeToo. Et c'est l'émeute virtuelle.

#balancetonporc et #MeToo sont complémentaires. Personnellement, j'agis seule, et je m'adresse à la communauté francophone. Alyssa Milano est organisée et bénéficie apparemment de soutiens, ce qui explique aussi le flux de posts qui se succèdent sur son compte à rythme industriel. L'actrice se dit aussi défenseur de l'environnement, elle lutte farouchement contre le président Trump, défend les enfants migrants, etc. Sans la connaître personnellement, je m'aperçois rapidement qu'Alyssa Milano ne veut pas être considérée comme une défenseuse mono-cause. Moi non plus. Nous faisons partie d'une nouvelle génération qui n'aime pas les étiquetages. Dans l'affaire qui nous préoccupe, il n'est évidemment pas question de revendiquer la paternité d'un mouvement, mais d'avancer ensemble.

Tarana Burke, rendons à César ce qui appartient à Jules

Certes, le #MeToo originel n'a pas eu la même portée mais il est lourd de sens. Si Alyssa Milano l'a remis au goût du jour, c'est bien Tarana Burke, militante afro-américaine, qui l'a lancé une décennie plus tôt. Les deux femmes se retrouveront d'ailleurs sur la même page du *Time Magazine* récompensées comme personnalités de l'année.

« Burke se définit comme une “survivante” d'une agression sexuelle. #MeToo prône la sororité entre survivantes fondée sur l'écoute bienveillante permettant aux femmes de transcender le statut de victime, de résister aux oppressions, de reprendre le pouvoir, de s'accepter et d'agir », explique *Libération*. « Les survivantes sont les seules à pouvoir réellement comprendre les autres survivantes », résume l'activiste.

Du virtuel au réel (#balancetamanif)

Le mouvement de protestation sur Internet va se retrouver dans la rue sous forme de manifestation. En France, #MeToo rebondit et « se propulse hors des sphères digitales et médiatiques. La journaliste free-lance, Carol Galand, en publiant un billet, repris sous forme de tribune par le *Huffington Post*, va lancer « MeToo dans la vraie vie ».

Un rassemblement est organisé le 29 octobre 2017 à Paris, à Rennes, à Montpellier, à Lyon et également en Guadeloupe. Il fera passer le mouvement du virtuel au réel. Des milliers de femmes s'affranchissent du web pour se retrouver dans la rue. Elles veulent être entendues, considérées, prises au sérieux. La seconde révolution féministe est amorcée.

Mes agressions, mes traumas à moi

Un simple dessin va provoquer une réminiscence dans mon esprit. Le 12 octobre, je tombe nez à nez avec la caricature de Weinstein, en porc, illustrant un article du *Parisien* titré : « À Cannes, les soirées partouzes et cocaïnes » de Harvey Weinstein. Et sous-titré « Les révélations dans l'affaire Weinstein se multiplient ».

« Le producteur américain, accusé de viol et de harcèlement sexuel, était bien connu pour ses parties fines pendant le Festival de Cannes », détaille mon confrère et ami Renaud Baronian sur sa page Facebook. Pour moi, c'est un déclic.

Une première agression physique à Cannes

J'ai connu Renaud lors du Festival de Cannes. Il me louait une chambre, le genre de colocation qui se fait beaucoup entre journalistes pendant le Festival, qui voit les prix des logements s'envoler. Nous avons partagé des moments de labeur intense, mais aussi de franche camaraderie, une sorte de compagnonnage comme seul le Festival de Cannes peut en engendrer. Renaud menait plutôt une vie nocturne, moi diurne. Il me téléphonait le soir pour me dire s'il rentrait et à quelle heure. Je le croisais parfois au petit matin, après qu'il eut fait son devoir de journaliste plus people que moi, passant la nuit à récolter des informations et à humer l'ambiance lors des fameuses soirées cannoises, avant d'attaquer ses articles en grommelant : « Je suis débordé là ! On boucle, c'est l'horreur, faut que je finisse mes papiers… ».

Une ambiance donc très professionnelle mâtinée d'un petit côté « colonie de vacances ». Jamais rien de malsain ou d'ambigu entre nous, on ne se donne pas du « confrère » pour rien. C'est, me semble-t-il, la grande particularité de notre milieu. Plus tard, j'ai compris la puissance de ce mot « confrérie ».

Lorsque je suis victime d'une première agression physique, à Cannes, Renaud décide de me protéger ainsi que Marc Pellerin du même journal, et un correspondant de *Nice Matin* qui me conseille de rapidement porter plainte. Et d'autres. Cela s'est passé à l'hôtel Majestic, mon point de ralliement professionnel. J'interviewe un acteur réputé pour sa violence. Une de mes questions lui déplaît-elle ? Brutalement, il me décoche un violent coup de poing au visage. Devant tout le monde, clients et serveur inclus. Passé le choc, je décide de déposer une main courante contre lui au commissariat. Je suis terrorisée, j'ai peur de le croiser à nouveau, et qu'il soit encore plus agressif avec moi. Ce qui me rassure un peu, c'est de pouvoir compter sur mes confrères, tous les journalistes présents à Cannes ce printemps-là. Ils forment autour de moi une barrière de protection bienveillante. Ils m'informent des allées et venues de l'acteur en question, et me poussent à intenter une action judiciaire contre lui (le stade au-dessus de la main courante). Ils se préoccupent de ma blessure et de mon moral.

Le jour de l'agression, j'ai pris des photos de mon nez tuméfié. Cet acteur irascible et dangereux, c'est une amie commune qui me l'a présenté. Et justement, elle, ainsi que son compagnon de l'époque, tentent de me persuader de ne pas porter plainte, pour ma sécurité, selon elle : « Ce mec est fou, me répète-t-elle en boucle, il pourra te retrouver, toi qui vis seule à Paris avec tes deux enfants. »

Si les séquelles physiques disparaissent relativement vite, je suis assez marquée psychologiquement. Je me rends à l'Hôtel-Dieu, établissement à Paris dédié aux victimes. Par hasard et par chance, le psychiatre qui me reçoit explique qu'il récupère souvent mon agresseur ensanglanté à la suite de bagarre. Parfois il les provoque, parfois c'est lui qui se fait frapper. Selon lui, à ce rythme-là, il n'a plus longtemps à vivre. Il renverse tellement bien la situation que finalement, en sortant de la consultation, je me sens libérée en une séance et j'ai de la pitié pour celui qui m'a flanqué son poing sur le nez. Je n'ai plus peur. À la suite de cet événement, la plus petite attaque, le moindre manque de respect me semblent impardonnables. Éric Brion sera le deuxième à me brutaliser, verbalement cette fois. Au même endroit. Et cette agression-là, je ne la laisserai pas passer.

Pourtant, dans les deux cas, je n'ai pas porté plainte. Pourquoi ?

Pourquoi n'ai-je pas porté plainte ?

Malgré les sollicitations des policiers qui ont enregistré la procédure, je n'ai pas porté plainte contre l'acteur coupable de m'avoir violemment agressée physiquement. Je me suis contentée d'une banale main courante « au cas où… ». Au cas où quoi, d'ailleurs ? Au cas où ledit acteur me frapperait à nouveau ?

Je n'ai pas porté plainte contre Éric Brion. Je n'y ai même pas pensé. Inutile de dire à quel point un dépôt de plainte contre des paroles déplacées, ce qu'on aurait pu appeler une drague lourde, eût paru à l'époque ridicule, exagéré. Qui m'aurait prise au sérieux ? L'idée de me rendre pour ça dans un commissariat ne m'a même pas traversé l'esprit.

Il faut la révolution Weinstein pour que la société admette qu'un viol, une conduite inappropriée, des paroles vulgaires et humiliantes sont tous, chacun dans leur genre, une agression. Qu'elle soit physique ou psychologique, très grave ou plus superficielle, elle ne doit pas, elle ne peut pas être minimisée. Toute agression est tout simplement inacceptable. Et le fameux concept de « la nuance » ne sert que ceux qui la dénoncent et en manquent. Une belle façon de se dédouaner de la réalité et d'éviter de faire face pleinement à ses responsabilités.

La seconde agression, celle de trop

Lorsque je croise Éric Brion à cette soirée cannoise, il n'en est manifestement pas à son premier verre, comme il le reconnaîtra lui-même. Je suis en contact professionnel avec lui depuis de nombreuses années, et je me réjouis d'apercevoir son visage familier, car je ne connais personne d'autre. Les nappes sont d'un blanc immaculé, un éclairage bleu enrobe le buffet. On croirait presque assister à une cérémonie de baptême...

Moi, moi et moi. Et pas lui

Je suis quelqu'un de naturellement chaleureux – sans doute un héritage de mes origines du Sud –, y compris dans mes relations professionnelles : nous discutons boulot de façon détendue et sympathique. Je lui demande s'il lit mes articles, mais, au lieu de me répondre simplement, au lieu de me parler du contenu de mes papiers, de mon journal, *La Lettre de l'audiovisuel*, que j'ai repris seule depuis une quinzaine d'années – alors que la plupart des journaux sont dirigés par des groupes, au lieu de me dire ce qu'il pense de ma ligne éditoriale, il me toise lentement puis me lance : « Tu m'impressionnes, j'aime bien les brunes comme toi. »

Estomaquée, je ne réponds pas. Il poursuit, en louchant sur ma poitrine : « Tu es mon type de femme. Tu as de gros seins. Je vais te faire jouir toute la nuit. » Il me fait comprendre, je m'en souviens très bien, que sa chambre d'hôtel m'attend.

Je suis absolument sidérée, et je reste sans voix. Comment ose-t-il ? Comment ose-t-il me parler ainsi, à moi qui ai repris un journal toute seule, à moi qui élève seule mes deux enfants, à moi qui dépends économiquement de mes clients, qui dois diriger une équipe d'auteurs, un comptable, un webmanager, un community manager ? À moi qui me lève à 7 heures le matin pour accompagner mes enfants à l'école et qui me couche parfois vers 3 heures du matin, épuisée de relire et corriger à l'envi un de mes articles litigieux par crainte d'un procès. À moi qui ai pris seule la place du groupe de presse qui m'a cédé le titre, et qui ai installé mes bureaux dans un immeuble miteux car je n'ai pas les moyens de louer autre chose. À moi, qui suis journaliste, mais aussi chef d'entreprise et mère de famille.

Non pas que son comportement serait plus supportable si j'étais chômeuse ou caissière, mais qu'il agisse ainsi avec une collaboratrice, dont il devrait pouvoir imaginer à la fois l'investissement professionnel et l'implication humaine dans son job me sidère : c'est comme si toute mon identité professionnelle était balayée d'un coup par cet homme qui ne voit en moi qu'une paire de seins. J'ai besoin d'aide, d'être soutenue dans mes activités, d'être évaluée à ma juste valeur de professionnelle, pas d'être brutalisée.

Comment ose-t-il, lui qui est à la solde d'un gros groupe, d'un actionnaire richissime, avec un poste en or, des prix de Diane et autres grandes courses hippiques à couvrir ? Lui, avec sa vie facile, son look BCBG, son physique d'ex-jeune premier ? Le plus grave, ce n'est pas l'expression elle-même. C'est qu'il ose s'adresser à moi avec cette vulgarité, en étant persuadé que je ne vais pas réagir. Comme si je lui étais déjà acquise et soumise. Cet homme agit comme un conquistador en pays déjà colonisé. Comment peut-il croire qu'il peut s'adresser à « la femme » – identité qu'il méprise, visiblement – et non à la journaliste, dont le rôle est d'informer et de dénoncer ? Comment peut-il imaginer que je vais troquer mon stylo contre un sourire gêné ? Que je serai complice de son manque de respect, que je me laisserai dominer, abuser, soumettre ? Que je me tairai ? Eh bien… sans doute parce que cela va de soi.

Dans un premier temps, je le reconnais, il a raison de sous-estimer ma réaction. Car je reste d'abord immobile et muette. Pourtant, habituellement, j'ai plutôt tendance à réagir au quart de tour. Quand je raconterais à mes proches que je n'ai pu ni bouger ni le remettre à sa place, ils ne comprendront pas. Cette passivité est tellement antinomique avec ma personnalité explosive et colérique. Nul doute que si un gamin croisé dans le métro, avec qui je n'aurais entretenu aucun lien professionnel ou économique, avait prononcé les mêmes mots, je l'aurai remis à sa place aussitôt. Mais là, impossible. Il s'agit d'une source professionnelle, d'un « patron » que je peux croiser à tout moment, que je peux interviewer, à qui je peux proposer des partenariats commerciaux ; il est même un investisseur potentiel.

Au moment précis où il m'agresse, je reste donc debout, j'esquisse un sourire gêné… et puis c'est le trou noir. Comme si le choc avait été trop grand, et que mon cerveau s'était mis sur « pause », comme dans les chocs post-traumatiques, même si, bien sûr, il ne s'agit pas là d'un trauma majeur… Son regard libidineux m'indispose, sa présence me répugne. Je me sens tellement mal à l'aise. Je me souviens tout de même d'avoir demandé à un ami de venir me chercher. Un ami et aussi un contact professionnel – cela aura son importance – que je connais depuis des années. Il est grand, d'une stature imposante, avec lui je sais que je me sentirai en sécurité. Spontanément, sans réfléchir, j'ai besoin à ce moment-là de l'aide d'un homme qui impressionnera physiquement Éric Brion, qui est de petite taille, et dont, en attendant l'arrivée de mon ami, je ressens confusément la présence à côté de moi. Car il ne s'est pas éloigné. Cela m'est insupportable, mais je n'ose toujours rien dire. Chaque seconde me semble interminable. À l'arrivée de mon ami, je sors sur le parking de l'hôtel, Éric Brion toujours sur mes talons. Je fais signe à mon « garde du corps » que je veux quitter les lieux au plus vite. Malheureusement, plus tard, cet ami ne se souviendra plus du déroulement de la soirée…

3

Je ne suis pas féministe #balancetavieprivée

Je ne suis pas activiste, ni militante, je n'ai aucune éducation politique. J'ai juste, depuis mon tout jeune âge, ce qu'on appelle communément une « très grande gueule ». Je ne suis donc pas prédestinée de par mon environnement familial à prendre part à quelque manifestation que ce soit. La seule fois de ma vie où j'ai manifesté, contre la loi Devaquet en 1986, projet de loi visant à réformer les universités françaises, c'était pour sécher les cours.

Je suis issue d'une famille bourgeoise mais désargentée. J'ai grandi jusqu'à mes 11 ans à Clichy-sous-Bois, dans le fameux 9-3, dans un environnement difficile, élevée par une mère et un frère de neuf ans mon aîné, né d'un premier mariage. À la faveur d'une opération du poignet dans un établissement hospitalier de Villecresnes, bourgade tranquille du Val-de-Marne, j'ai découvert une banlieue verte, depuis les fenêtres de la clinique, et des personnes différentes. J'ai prévenu ma mère que je ne mettrais plus les pieds en Seine-Saint-Denis. Je n'avais plus envie de me faire frapper par les gosses de la cité de la Forestière – démolie depuis. Après un cassage de nez de trop lors d'une bagarre à l'école alors que j'étais en sixième, elle a entendu ma souffrance et a pris la décision de déménager.

Ma famille est de type matriarcal sur plusieurs générations. Ma grand-mère maternelle, Henriette, était une femme libre avant l'heure. Grande, blonde, féminine, elle adoptait à la fois un comportement de garçon manqué tout en cultivant féminité et sophistication. Dans la famille, on évoquait ses mœurs libérées, son caractère trempé et sa culture. Dans son village d'Échandelys, une bourgade entre Ambert et Issoire dans le Massif central, on la cataloguait comme une intellectuelle, une femme érudite.

Dans sa maison auvergnate où je passais mes vacances, je regardais son gigantesque mur de livres avec admiration. S'y succédaient des classiques de Zola, Maupassant, Baudelaire, Apollinaire, Dostoïevski, et les encyclopédies Larousse que lisait mon arrière-grand-père chaque soir avant de s'endormir.

À 80 ans, ma grand-mère me lança un beau jour de printemps : « Devine qui est la nouvelle correspondante du journal *La Montagne* ? Moi ! » Elle commençait un métier de journaliste occasionnelle sur le tard, après avoir mené sa carrière professionnelle au sein du conseil d'administration d'une organisation dans le BTP, situation déjà rare pour une femme à son époque. J'étais habituée à son excentricité : sous ses airs de grande dame bien éduquée, rien ne pouvait m'étonner venant d'elle. Nous étions complices : je la contredisais souvent, elle s'en plaignait, mais je la soupçonnais d'apprécier en cachette que sa petite-fille soit têtue, trait de caractère qu'elle-même revendiquait. Elle non plus ne s'en laissait pas conter.

Elle avait à peine 20 ans lorsqu'elle a eu ma mère. Enceinte d'un militaire antillais qui, a-t-on appris plus tard, s'est carapaté pour retrouver sa femme, Henriette, ma grand-mère, a fugué dans un sanatorium, vite rattrapée par mes arrière-grands-parents réputés pour leur ouverture d'esprit. Ma mère a donc grandi sans père. Idem pour moi, enfant d'un père indien : c'était les années 1970, juste après la libération de la femme, en plein cœur des années hippies, de la ruée vers Goa en Inde, et des poèmes de Tagore. J'imagine que mon père – soi-disant rejeton d'une branche de la famille royale, aimait-il à se vanter –, a profité de cet état d'esprit pour séduire ma mère, métisse issue d'une bonne famille. Lui a toujours cherché à me revoir, mais ma mère s'est constamment érigée en bouclier protecteur, à cause de son comportement violent. Elle ne m'en a pourtant pas légué une image négative. Ma mère, c'est l'art de la nuance, le « oui, mais », véritable sens de la mesure, qui la caractérise et me guidera plus tard face à mes détracteurs. J'emploierai d'ailleurs le mot « balance » du # que j'ai créé avec un double sens : le « balance » en anglais signifie équilibré, mesuré. Ce mot subtil me convient bien. Si paradoxal que cela puisse paraître.

J'ai deux enfants, je suis également *single-mother* bien que mon souhait le plus grand eût été de parvenir à former une famille « parfaite », constituée d'une reine, d'un roi, de princes et de princesses. Cela a même longtemps été un rêve. Mon ambition dans la vie était de me marier, ce qui n'est jamais arrivé. De m'installer. De mener une vie tranquille, avec un boulot pépère. J'ai failli à ma mission. Je n'ai jamais réussi à trouver un travail de salariée et j'ai dû racheter un journal pour assurer ma survie. Puis je me suis séparée du père de mes deux enfants – avec qui j'entretiens heureusement des rapports intelligents – et je n'ai pas suivi le chemin idéal que je m'étais inventé.

Ma plus grande crainte était de devoir vivre sans compagnon. Dans ma famille matriarcale, on connaît la valeur de l'homme par son absence. Partant de cette expérience, j'ai toujours farouchement été contre la guerre des sexes. Je me sens même déshonorée, et blessée quand on m'accuse de sexisme. Je ne supporte pas plus qu'on m'affuble du terme de féministe, car pour moi il a participé à construire des armées de familles monoparentales comme la mienne. Mais j'accepte de défendre des causes. Comme celles des femmes. Entre autres. Aux États-Unis, je suis aussi assez sensible à la cause des Afro-Américains. La pédophilie, le sort des animaux, beaucoup de sujets me tiennent à cœur. Je suis une révoltée transversale.

Durant toute mon adolescence, ma mère m'a seriné :

« Regarde où a conduit mai 1968. On doit se débrouiller seules, on est incapables d'avoir des salaires égaux à tâches égales, les hommes ne trouvent plus leur place à nos côtés et on les fait fuir. » Non, je ne suis pas issue d'une famille de féministes mais de femmes qui ont dû porter le fardeau d'une solitude imposée et mal assumée, de femmes privées de toute emprise masculine.

Dès les premières années de ma vie, j'ai dévoré les livres. J'ai aussi écrit des kilomètres de poèmes, peint, dessiné, pratiqué à haut niveau la danse classique. À 17 ans, un accident au genou condamne la carrière de chorégraphe que je m'imaginais. Privée de mes capacités physiques, j'ai décidé de muscler mon cerveau. Après un passage agité à l'adolescence, durant lequel j'ai mené la vie dure à mes professeurs, je me suis plongée avec délectation dans la lecture, découvrant la rigueur et l'émulation de la Sorbonne. Dans ma nouvelle banlieue toute fleurie, à Combs-la-Ville, j'ai ouvert le quotidien *Libération* pour la première fois, à 17 ans. À la maison, on lisait des romans, des essais, mais on évitait toute lecture politique ou engagée… À part Zola !

Ma famille est multiethnique, et toutes les religions y cohabitent, ainsi que toutes les opinions politiques. Lors des repas de Noël, parfois très animés, nous nous chamaillions souvent. J'y vois parfois ma mère, métisse aux yeux verts, passer par toutes les couleurs de l'arc-en-ciel, révulsée par les opinions tranchées de mes oncles syndiqués, ou au contraire très à droite. Les propos les plus extrémistes proviennent d'une branche de mes cousins. Ils me heurtent souvent moi aussi.

Mon arrière-grand-mère Francine, avec sa générosité habituelle, a adopté un petit garçon arménien de 10 ans, fils d'un voisin, abandonné par sa famille. Sadi, c'est son prénom, a épousé plus tard la sœur de ma grand-mère. Pourtant, certains de ses descendants font parfois preuve de peu d'ouverture d'esprit et cela me heurte. Je n'aime pas les idées trop nationalistes où l'on pointe du doigt l'autre, le « non-Français de souche ». Où l'on épie le moindre de ses faits et gestes, lui mettant toute la misère du monde sur le dos. Je n'aime pas les amalgames. Je n'aime pas l'intolérance.

Ainsi l'un de mes petits-cousins, que j'apprécie beaucoup malgré nos différends politiques, a-t-il attaqué l'État, actionnaire à l'époque de la chaîne de restauration Quick, au motif que celle-ci vendait de la viande hallal dans les hamburgers sans en informer les clients. Ses arguments se défendent, j'admire son courage mais je déteste ses idées. Et c'est réciproque. Il se trouve que nous nous sommes rapprochés à un moment où nous étions chroniqueurs au sein de la même station de radio mais avec des idées opposées. Un hasard total.

J'ai appris sur le tard que l'un de mes aïeux, mon arrière-arrière-grand-père, s'appelait Élie Mathieu, un « prénom très très français » me dit mon entourage… J'ai du mal à le croire.

Le mélange de ces univers religieux et culturels familiaux était souvent détonnant et donnait lieu à des débats houleux. Mais, vers 4 h 30 du matin, dans la grande maison du Perreux-sur-Marne où les enfants s'endormaient en grappes un peu partout, tout le monde se réconciliait devant une traditionnelle soupe à l'oignon pour éliminer les vapeurs d'alcool. Cette famille disparate et gaie m'a laissé un souvenir à la fois amer, drôle, clanique et animé.

Quand deux de mes cousins d'origine tunisienne sont morts à quelques jours d'intervalle (chez nous on meurt à plusieurs : ma grand-mère, sa sœur et leur cousine sont mortes dans un intervalle de trois jours), à l'heure des funérailles les oncles et tantes que j'imaginais politiquement extrémistes – de droite – se sont pliés sans rechigner aux rites musulmans (hijab sur la tête pour les femmes), afin d'honorer la mémoire de leurs neveux. En fait, dans ma famille, on débat et on se bat beaucoup mais, finalement, c'est le cœur, la mesure, et la raison qui ont le dernier mot. Je pense qu'être une sang-mêlée, naviguant au milieu de ces courants antagonistes, m'a apporté une ouverture d'esprit et m'a surtout appris à éviter les jugements hâtifs, les querelles de chapelles, les récupérations religieuses ou ethniques. C'est ce nid de contradictions, au plus fort des contestations du mouvement #balancetonporc, qui m'a aidé à ne jamais me positionner de façon arbitraire, malgré les inepties que j'ai pu lire ou entendre.

Le patriarcat, c'est quoi ?

Élevée sans père, j'ai bénéficié de l'encadrement masculin de mes frères, notamment de Stéphane qui vivait avec moi. C'est lui qui m'a poussée à choisir une filière économique, alors que j'étais plutôt douée en français, afin de m'ouvrir plus de portes. Lui qui a tenté de châtier mon vocabulaire (sans y parvenir, j'ai une attirance naturelle vers le langage de charretier) et qui, du haut de ses neuf années supplémentaires, a guidé ma vie. Notre aîné à tous les deux, Frédéric, qui a treize ans de plus que moi, m'a donné des conseils avisés, parfois d'ordre philosophique. Au plus fort de mes crises d'adolescence, c'est lui qui a tenté de poser des limites. Il m'a rattrapée dans la rue alors que je tentais de fuguer, rollers au pied, persuadée que j'avais droit à la liberté et que je pouvais m'enfuir facilement vers un monde meilleur en quittant les allées de la Forestière à Clichy-sous-Bois. Il paraît que je n'étais pas une enfant facile. Je crois bien m'être pris une claque ce jour-là.

J'ai donc grandi sans autorité paternelle. Je n'ai rencontré mon père que deux fois dans ma vie, dont l'une à 17 ans : j'avais accepté de partir en Inde pour rencontrer sa famille, et donc la mienne. À la suite d'une brouille, il ne m'a présenté personne, ni grands-parents, ni tante, oncle ou cousins. Nous sommes allés d'hôtel de luxe en hôtel de luxe avant d'arriver dans une autre famille que la mienne. À la fin des vacances, dans les îles Andaman, lieu privilégié de la petite-bourgeoisie indienne, mon géniteur s'est enfui de l'hôtel, après une énième crise d'alcoolisme, en emportant mon passeport. Ce sont deux membres de l'équipe Cousteau, Kathy et Alain, rencontrés par hasard – après toutes ces années je n'ai pas oublié leurs prénoms –, présents à l'époque pour signer un reportage sur les chasseurs de miel de l'île, qui m'ont prise sous leur aile pour m'aider à rentrer avec l'aide du consulat. La dernière image que je garde de mon père est celle d'un homme enivré, les yeux rougis et injectés de sang, que je suppliais pour qu'il me rende mon passeport devant deux policiers impuissants. À 17 ans, baragouinant alors la langue de Shakespeare, un sursaut de survie m'a rendu quasiment bilingue : j'exhortais les policiers à récupérer mes papiers, afin qu'ils vérifient que mon nom n'était pas le même que le sien : cela pouvait signifier qu'il n'y avait aucun lien familial entre nous ! C'est ainsi que j'ai retrouvé ma liberté. Mon frère, âgé seulement de 26 ans, a tout fait pour me voir rentrer au plus vite. Dans l'avion qui quittait l'île, j'ai entendu quelqu'un s'exclamer « Chandra ! » : mon nom indien. J'ai aussitôt reconnu la voix de mon père et ai décidé de l'ignorer à tout jamais. Le personnel navigant, informé de la situation, a fait écran entre nous, et je suis rentrée en France, pour passer mon bac de français. Cet événement, à l'époque, ces retrouvailles ratées avec mon père, m'ont beaucoup chamboulée, mais aussi endurcie. De cette époque, j'ai appris à me concentrer sur le travail. C'est ce qui m'a sauvé les mois suivants. Je pense parfois même être devenue une *workalcoholic*. Cette année de mes 17 ans, j'ai eu mon bac de français malgré toutes ces épreuves.

Je crois bien que ma passion pour l'anglais est née de ce triste événement, et que c'est ce qui a conditionné des années plus tard mon exil à l'étranger. Qui sait ce que je serais devenue si je n'avais pas eu un éclair de survie shakespearien ?

Quoi qu'il en soit, je n'ai jamais eu à souffrir du patriarcat car, à 17 ans, je m'en suis dégagée.

4

#balancetonporc n'aurait pas pu naître sans les États-Unis

« Je cherche mon pays là où on apprécie l'être additionné sans dissocier ses multiples strates. Je cherche mon pays là où s'estompe la fragmentation identitaire. Je cherche mon pays là où les bras de l'Atlantique fusionnent pour donner de l'encre mauve qui donne l'incandescence et la douceur, la brûlure d'exister et la joie de vivre. »

Fatou Diome, *Le Ventre de l'Atlantique.*

Le départ aux États-Unis. Abolir les frontières, les différences, me détacher de la France, acquérir un autre angle de vision. En déménageant à New York, ville au carrefour de différentes communautés, j'imaginais certainement retrouver une parcelle de vie multiculturelle. Ce départ m'a appris l'humilité. S'installer dans un pays nouveau permet de mieux comprendre la situation des immigrés qui vivent en France. Ici, je me mets à la place des Arabes de France, ceux que l'extrême droite montre du doigt, ceux qui prétendument « piquent les allocations des Français ». Peu de personnes imaginent l'énergie qu'il faut déployer pour remplir un formulaire CAF ou de Sécurité sociale. Encore plus quand on ne parle pas la langue ! Aux États-Unis, la moindre démarche administrative est une épreuve.

Lors de mon emménagement à New York, je me suis battue pour qu'on m'installe le câble, pour comprendre le système compliqué des cartes bancaires, pour obtenir un numéro d'identifiant fiscal : c'est une grande leçon d'humilité. Aux États-Unis, je suis devenue l'équivalent de l'« Arabe » ou de l'« Africaine » en France. Ces « boulets de la société », ces « profiteurs », ces « suceurs de CAF », ai-je pu lire sur des réseaux fachos de la France xénophobe que j'exècre. J'en suis devenue un avec fierté ! Ici, on m'appelle parfois la *Frenchy* avec une pointe d'ironie. Je ne parviens pas à remplir une déclaration d'impôts sans l'aide d'un comptable. Me faire installer l'électricité, le téléphone sont parfois une épreuve du feu. Et je me demande comment les étrangers en France, comment les migrants parviennent à se conformer aux démarches requises. C'est un Himalaya à gravir. Il faut du courage pour vivre dans un nouveau pays. Cette expérience m'a servi à ne jamais me radicaliser dans mon discours lors des différentes attaques que j'ai pu subir, de la part de différentes obédiences politiques ou religieuses, ou simplement de la part de gens haineux. Mes followers me demandent souvent pourquoi je ne réagis pas à tel ou tel commentaire polémique. Tout simplement parce que leurs auteurs ne m'intéressent pas et que je n'ai pas de temps à perdre. Je préfère éviter qu'ils ne se fassent de la promotion sur mon dos. Car un *bad buzz* reste un buzz.

Loin des clichés

Au cours de l'évolution du #balancetonporc, certains se sont risqués à une comparaison entre les États-Unis et la France en « nous » traitant de puritains. J'ai entendu parler ici et là de la fameuse « *bigotry* » américaine. Je vis tout le contraire. Les Américains, ces cousins lointains, ont des mœurs bien plus débridées que l'on ne l'imagine depuis l'Hexagone, bien loin du cliché de *La Petite Maison dans la prairie*, cette série niaise sur la « famille parfaite » évoluant au milieu d'un champ. Certes, je vis à Big Apple, qui ne reflète pas exactement l'Amérique, notamment en termes de parité et d'égalité des mœurs : la femme peut s'y comporter comme un homme, draguer sans se cacher dans un bar. On y ferme aussi les yeux plus facilement sur la différence. J'ai souvent entendu les Français en visite s'étonner du peu d'importance accordée par les Américains à une apparence physique : « Ici que tu aies les cheveux verts, une kippa ou un hijab, on ne te juge pas. » Vrai. La ville autorise même les seins nus pour les femmes, les quartiers juifs ont leur spécificité, les orthodoxes polygames se promènent avec leurs femmes perruquées sans que personne n'y trouve rien à redire. Les quartiers musulmans comme Atlantic à Brooklyn sont plutôt paisibles. Dans une librairie musulmane, j'ai été étonnée de trouver côte à côte le Coran et la Bible. La communauté noire américaine a ses codes, ses événements, et j'ai décidé d'habiter à deux pas de Harlem pour m'en rapprocher. Mes racines noires font que je suis sensible à leur cause. Dans le café du coin où j'avais mes habitudes, mes amis afro-américains m'expliquent que leurs grands-parents étaient esclaves et n'avaient pas le droit de lire ni d'écrire. En deux générations, ils ont occupé toutes les strates de la population. Ils sont devenus avocats, médecins, hommes d'État. En deux générations, un président noir s'est imposé. Respect.

New York, laboratoire de tolérance

Bien sûr, ce *statu quo*, ce *gentleman agreement* entre les communautés est émaillé de faits divers. Des rabbins sont parfois agressés, des croix gammées sont dessinées sur des lieux publics, comme à l'école de mon fils, après l'élection de Trump, provoquant un choc chez les élèves, et les pleurs du corps enseignant.

À New York, juifs et musulmans sont donc parfois – comme partout hélas – victimes de crimes religieux, mais dans la globalité, Big Apple est plutôt préservée et fait figure d'enclave dans l'Amérique trumpiste. La consigne de tolérance zéro face aux violences et aux dégradations urbaines a fait son chemin depuis que l'ex-maire Rudolph Giuliani l'a imposée, faisant baisser considérablement le taux de criminalité. De son côté, le président Trump, en guerre contre les démocrates de New York, a choisi de défendre les « *red necks* » – terme qui signifie la « nuque rouge » en référence aux Américains blancs travaillant dans les champs sous le soleil.

Le maire de New York, Bill de Blasio, bataille fermement contre le locataire de la Maison-Blanche. Lui-même est à la tête d'une famille multiraciale et en couple avec une femme noire ayant déclaré qu'elle était bisexuelle dans sa jeunesse. Ses enfants métisses, notamment son fils à la coupe afro style Jackson Five, fait le régal de la presse locale. Et son bilan aussi. Sous son mandat, le taux de criminalité en 2017 a continué à plonger à un niveau jamais enregistré depuis les années 1950, même si, depuis l'affaire Weinstein, le nombre de plaintes suite à des agressions sexuelles a augmenté (*New York Times*, 27 décembre 2017).

Concernant les mœurs, New York fait aussi figure d'exception. N'empêche que parler du puritanisme des États-Unis est le signe d'une inculture absolue, d'un prisme qui limite les Américains à l'image du Wasp (White Anglo-Saxon Protestant) quand ils ne sont pas encore assimilés dans l'image d'Épinal aux mormons et aux témoins de Jéhovah.

C'est ignorer l'existence du *spring break* (pause de printemps) où des milliers d'étudiants et d'étudiantes se retrouvent sur les plages californiennes, en Floride ou au Mexique pour vivre quinze jours de débauche en tous genres. C'est oublier aussi toutes les scènes *hot* des séries importées des États-Unis et qui font le bonheur des Français : *Sex and the City*, *Californication*, *Game of Thrones*, *Spartacus*, *Masters of Sex*, etc. Le pays de l'oncle Sam a aussi créé des séries avec des mères de famille dépravées qui dealent de la drogue ou se vendent elles-mêmes pour faire survivre leur progéniture comme dans la sulfureuse série *Weeds*.

Les Américains ont aussi inventé le principe du « *date* » – prononcez « daite » – ce jeu de rendez-vous géant où chacun couche avec tout le monde jusqu'à ce qu'il se lasse et décide d'être exclusif, après des mois de fornication intense. Ce pays où les sites de rencontres dépassent le nombre d'arbres dans Central Park. Exit l'image des puritains à l'américaine, ici on « *date* » (« on a des rencards »), ici on est ouvertement polygame : le système du multidating est largement répandu aux États-Unis et très peu connu en France, les femmes et les hommes papillonnent et ont plusieurs conjoints ou conjointes assumés.

Dénoncer le puritanisme des Américains sans savoir que beaucoup sont de gros cochons

Aux États-Unis, le système de mise en compétition pousse à être un *surperformer*. Comme dans *Loft Story*, à la fin, il n'en restera qu'un. Après cette période consentie de dating – en moyenne trois mois –, les deux parties conviennent de la suite de leur relation en parlant : c'est le moment de *the talk* ou *conversation*. Cette conversation leur permettra de faire le point. Si les sentiments éprouvés par les deux parties sont suffisamment puissants, le couple décide d'être exclusif. Et cela permet d'être « plus fidèle que les Français qui s'engagent directement puis se trompent mutuellement une fois mariés », m'affirme un ami. Dans le cas contraire, chacun continue à multidater et les couples factices qui se forment se défont.

Ce système est généralisé dans les grandes villes, notamment Los Angeles et Miami. Ce cirque géant se déroule partout : dans les bars branchés de la ville, les restaurants, les discothèques et sur les lieux d'événements spéciaux qui sont organisés pour les rencontres. Les sites de dating comme Tinder ou OkCupid sont devenus les cupidons de l'urbanité.

La méconnaissance des Français de cette société américaine plutôt débridée vient du fait que, paradoxalement, dans les entreprises, dans les restaurants, dans les rues, on fait attention. « C'est pire maintenant dans les entreprises qu'il y a trente ans », me dit Michael Jaffe, financier dans une multinationale américaine, qui revient tout juste aux États-Unis après avoir vécu trois décennies en France. « On préfère rester silencieux pour ne pas commettre d'actes ambigus. Avec le temps, les codes ont changé, et comme c'est compliqué, il vaut mieux tout éviter. C'est contraignant mais ça évite les problèmes. »

Pour ce mari et père de famille : « En France c'est le contraire, il suffit que l'on vous stipule une interdiction pour que vous l'outrepassiez. »

Pour moi, c'est cet esprit « transgressif », grâce auquel une minorité de voix dissonantes et trop bruyantes résonne, qui place la France dangereusement à contre-courant, en comparaison avec d'autres pays progressistes. En France, au nom de la liberté de penser, certains préconisent la liberté d'importunité.

Aux États-Unis, les notions d'égalité entre les femmes et les hommes sont régies par des lois différentes. Les activistes et féministes sont extrêmement virulentes. Les entreprises sont particulièrement vigilantes quant à la sécurité de leurs employées. Les problèmes de harcèlement sur les lieux de travail sont donc réglés devant les tribunaux. Des numéros de téléphone, en général bien visibles sur les murs des cafétérias ou dans des lieux de passage, incitent les victimes à contacter les services adéquats en cas d'agression. Les caméras filment et enregistrent. Les hommes sont par conséquent soucieux de leur comportement au travail pour éviter d'être confrontés à des poursuites judiciaires. Ils se planquent derrière leur bureau. Alors qu'en France, les syndicats et les délégués du personnel interviennent en cas de problèmes, créant un sas de négociation utile entre la direction et les employés, la judiciarisation est le seul recours dans la société américaine. Tout se passe entre le juge et l'avocat.

La femme américaine

Aux États-Unis, avec les lois antiharcèlement puissantes, et les dispositifs de protection dans les entreprises, les hommes hésitent : quand une femme leur plaît, ils la regardent du coin de l'œil avant de détourner très vite la tête. Le *cat calling* – le fait d'interpeller une femme dans la rue – est quasi inexistant, Du coup, ce sont les femmes qui draguent. Une femme consommatrice de sexe n'est absolument pas jugée comme en France. Elle ne sera pas considérée comme une « salope » parce qu'elle accumule les rencontres. Contrairement aux idées reçues, une *bitch* n'est pas une coucheuse mais une femme qui se comporte mal, une tordue, une méchante. Il faut vraiment que la femme atteigne un niveau de conquêtes extrême pour qu'elle soit qualifiée de *slut*, notre équivalent de catin.

Ou, pire, qu'elle couche le premier soir : car si le New-Yorkais est adepte du mutidating, il ne couche généralement qu'au troisième rendez-vous. Une règle de base pour respecter sa partenaire.

Dans les cafés, quand pointe l'« *happy hour* », la même scène se répète : un homme sur un tabouret est entouré de plusieurs femmes qui l'accostent sans réserve. Selon les quartiers de New York, le système de drague diffère : dans le mien, situé à la croisée du chic Upper West Side, de la zone latino et du Harlem black, quand je suscite l'intérêt d'un homme dans la rue, j'entends un discret « *God bless you* ». On va danser le week-end avec l'espoir d'une rencontre. Dans le quartier de Wall Street, après la clôture de la bourse, les traders survoltés se retrouvent à 17 heures dans les bars, pour un happy hour et ses *dates*. Je n'ai jamais eu en cinq ans à subir une réflexion déplacée, une drague lourdingue qui puisse me mettre vraiment mal à l'aise.

L'image de la parfaite famille vertueuse à l'américaine me fait donc doucement rire. Si elle existe sans doute dans certaines bourgades reculées, c'est tout le contraire en ville et les mœurs des Américains n'ont rien à envier aux libertins français.

Ils « font du sexe », une expression qui n'a pas d'équivalent en France, comme ils savoureraient un hamburger. L'Amérique est le pays de l'extrême et du subversif par excellence. Alors que l'on ne vienne pas me parler de puritanisme à l'américaine ! Oui, quelques puritains existent, mais planqués au fond du Middle West, loin des métropoles qui réunissent une grande partie de la population. Aux États-Unis, il existe plus de cinquante agglomérations qui regroupent plus d'un million de personnes. À New York, si l'on grossit fortement le trait, les femmes portent la culotte au domicile, cuisinent peu au profit de leur mari, se saoulent pendant les happy hours dans les bars. Dans ce contexte, l'affaire Weinstein, justement parce qu'elle a réactualisé un schéma vieille école avec un prédateur puissant, riche, usant de son pouvoir sur des proies faciles a eu d'autant plus de retentissement.

5

Les réactions de défiance et de soutien

À 6 000 kilomètres de Paris, le jour où je lance le hashtag, je deviens, malgré la distance, la cible de simples contradicteurs, de trolls, mais aussi d'anciennes connaissances « amicales » ou « professionnelles ». En général, ceux-ci sont eux-mêmes susceptibles de traîner dans leurs escarcelles quelques dossiers peu clairs les concernant. Une connaissance en vue, devenue avocat, me contacte : il m'explique qu'il ne sait plus comment draguer, que je ne respecte pas la présomption d'innocence et que c'est dangereux. Je dérange. À commencer par lui.

Le bal des faux culs

Très vite, les camps se forment et certains de mes « amis » commencent à me tourner le dos, et à répandre leur fiel. Je découvre deux tweets de personnes que je pensais proches, à la fois professionnellement et amicalement, et qui me mettent en cause sur Facebook. Le premier écrit : « Cause juste @LettreAudio mais les propos déplacés cités ne méritent pas la vindicte publique de leur auteur. Rien à voir avec l'affaire HW. » Mon « ami » poursuit : « Aucun lien de subordination. Pas de lien visant à obtenir des avantages pro. Juste, si avéré, drague lourdingue. »

Je suis très surprise de sa réaction, lui toujours enclin à me manifester son soutien. Avant. Car il change de camp subitement : ses tweets se font de plus en plus grinçants, et se transforment en lames acérées. Cette argumentation du « manque de lien de subordination » sera d'ailleurs reprise dans les conclusions de l'avocat d'Éric Brion. Du coup, je m'interroge : cet ami en profite-t-il pour régler ses comptes, sous couvert de notre prétendue entente professionnelle ? On me dit que ma notoriété (non souhaitée) naissante le dérange dans son business. Pire, une amie m'envoie un message depuis Cannes pour m'indiquer qu'il me dénigre en public. Des dires confirmés plus tard par d'autres connaissances. Je le dérange donc, lui aussi.

Je reçois un deuxième tweet, privé, d'une autre personne proche de mon univers professionnel : « Sandra je me réjouis que tu puisses ne pas faire la différence entre drague lourdingue et viol ». En parlant de mon cochon, il poursuit : « pas de violence ou de chantage pro au moins de sa part ». Là encore, je lirai cette argumentation formulée différemment et dans les conclusions de l'avocat d'Éric Brion.

L'argumentation de mes amis professionnels se dégonfle comme un ballon de baudruche : « pas de lien de subordination avec mon agresseur, pas de chantage professionnel », me font-ils savoir. Donc pas de harcèlement selon eux. Ce sont les arguments que produira la défense de mon goujat. Pourtant, je suis directrice d'un journal, je dois faire tourner la boutique, et suis dépendante d'un réseau professionnel pour mes interviews, informations et la vente de mes abonnements, et de plus mère seule avec deux enfants. Au moment précis de mon agression verbale, je ne me sens pas le droit de mal parler ou d'envoyer paître un de mes contacts professionnels, sauf en cas de désaccord sur la ligne éditoriale d'un article. Même suite à une parole, à un acte déplacé. Je ne peux pas me priver d'une source professionnelle susceptible de me donner une information confidentielle, d'un soutien quelconque. Mon équilibre professionnel est précaire, je dois nourrir une équipe qui compte sur nos faibles revenus pour payer un loyer, régler des factures. Et dans les moments difficiles, comme pour tout bon chef d'équipe, c'est ma rémunération qui saute. Je dois encaisser des paroles inappropriées car je me sens en position d'infériorité et de fragilité. Pour autant, ne s'agit-il pas d'une forte pression ?

Doit-on se taire ?

À chaque fois qu'une victime s'exprime, sa parole est minimisée. Des réserves entourent aussitôt le contexte, les mots, la situation elle-même. Parfois, deux notions bien commodes viennent affubler les plaignantes, des notions bien sûr propres à la gent féminine : l'exagération, ou, pis, l'hystérie. La femme est forcément plus susceptible que l'homme d'être menteuse, délatrice ou affabulatrice. Évidemment, je n'échappe pas à cette règle universelle, même si mon agresseur reconnaîtra la vérité des faits : je ne serai pas taxée d'être une affabulatrice, mais au moins, une « exagératrice ».

Pendant des mois, alors que j'ai besoin de me rendre sur les réseaux sociaux à la recherche de témoignages, de preuves contre Éric Brion qui m'attaque en justice, je découvre que des contacts professionnels, des « amis », des connaissances jouent sur les deux tableaux. Vivant à l'étranger, je ne peux pas m'en rendre compte dans la réalité quotidienne, puisque je ne croise pas ces gens-là. Mais en fouinant sur les réseaux sociaux, je m'aperçois que certains *like* mes statuts, pouce levé, en même temps qu'ils manifestent parallèlement leur soutien à mon agresseur, et me dénigrent. Ou alors ils me soutiennent en privé, mais félicitent mon prédateur lors de la moindre action publique contre moi. Suite à un article dans lequel il explique sa démarche, ces mêmes amis répondent : « Bravo, la meilleure des réponses que tu peux faire. Tu as le droit à la vérité et à la nuance. [...] Tu sais que je suis une amie de Sandra, ce qui ne remet nullement en cause notre amitié. » L'art de la guerre...

Provenant de la gent masculine, ces attaques ne me surprennent pas vraiment. Mais les femmes aussi s'y mettent ! D'autres ex-collègues de la presse spécialisée, les mêmes que je voyais quasi tous les jours à des conférences de presse de rentrée, à Cannes, ou lors de mes déplacements à des festivals de télévision et de fiction, me déglinguent publiquement tout en me conservant « leur amitié » sur leur réseau social. Elles se gardent bien de s'adresser à moi directement.

« Inventer un hashtag aussi lourd que les propos visés ne mérite pas non plus d'être porté au pinacle », ose l'une d'entre elles. La jalousie de ces femmes, ces judas de pacotille, transpire dans leurs écrits. Elles sont pires que des *haters* : elles se planquent derrière leur clavier pour déverser leur fiel dans mon dos, incapables de m'affronter. Qu'on ne soit pas d'accord avec ma démarche, soit, mais qu'on vienne me le dire en direct ! Je les raye de mes listes. En apparence, je fais bonne figure, mais ces coups de poignard dans le dos me démoralisent plus que des milliers de tweets cumulés dont je ne connais pas les émetteurs. La trahison vient forcément de son propre camp. Je sais qu'il va me falloir être très vigilante concernant mon entourage, et je mets vite en place mon « radar de détection à hypocrites, faux amis, opportunistes et lâches ». À ces faux culs, vient s'ajouter la mélodie de l'indignation que surjouent les célébrités et les anonymes sur les réseaux ou dans les médias. Les mêmes qui dénoncent #balancetonporc mais profitent de sa visibilité pour se faire mousser.

Mes alliés : des followers et nombre de parfaits inconnus (#balancetessoutiens)

Paradoxalement, je reçois beaucoup de soutien, soit de proches, soit de parfaits inconnus qui m'émeuvent et me troublent. Ils deviennent ma source d'inspiration, comme ce message de Nathalie : « Il y a des violences qui ne sont pas traitées dans notre société, les réseaux sociaux sont de nouveaux outils pour prendre la parole et libérer certaines souffrances. Face à ces pervers qui agissent en toute impunité, la loi n'est pas toujours en faveur des victimes, il est nécessaire d'utiliser tous les moyens pour faire bouger notre société sur un fléau assez répandu et où les victimes ne sont pas suffisamment protégées ni prises en considération. Il faut que la peur change de camp. Alors vos jugements sur le sujet. Non merci ! »

Les hommes aussi réagissent beaucoup. C'est le cas d'Aurélien : « Bien sûr que la lutte féministe et les réponses juridiques sont importantes. Mais regardons la vérité. C'est un échec total. Les plaintes sont classées, les victimes poursuivies pour dénonciation calomnieuse. Les mouvements féministes ridiculisés (femelle hystérique), les syndicats peu réactifs. »

Les porcs font du mal aux non-porcs

Beaucoup d'hommes aussi souffrent du comportement de leurs alter ego indélicats et tentent de faire entendre leur voix. Avec les moyens du bord. À un journaliste qui proposait de lancer le mot clé #balancetonmecsupercool, les réponses acerbes fusent, y compris de la part d'hommes : « Venez on s'autocongratule d'être des mecs avec un comportement "normal"... #Lafatigue », lance l'un d'entre eux sur Twitter.

« Le hashtag confirme ce que je sais déjà sur le caractère lubrique », explique ce même internaute au *Figaro* (article de Blandine Le Cain du 16 octobre 2017).

« Ce qui m'étonne, c'est plus la dimension de domination, d'humiliation. On voit souvent que le "porc" use de son statut, menace, rabaisse, use de sa force », indique un autre internaute.

Le soutien, pour éviter le *burn-out*

Des journalistes, des personnalités du monde du spectacle, des philosophes dont je ne connaissais pas l'existence se joignent au mouvement. De New York, je tente de les suivre *via* les réseaux sociaux mais je n'ai pas accès aux chaînes de télévision française ni aux radios. Je patauge. Je vis depuis cinq ans aux États-Unis, et je connais à peine les émissions qui mentionnent le mouvement, et leurs présentateurs. Des anonymes et mes amis m'envoient les dernières news et les derniers rebondissements, mais aussi des tuyaux techniques, des numéros de téléphone d'associations, des informations confidentielles, etc. Une aide inattendue qui me permet de me maintenir à flot. Nathalie, une cousine par alliance, victime de viol dans le cadre familial, décide de s'occuper spontanément des attaques sur la page Facebook que j'ai créée : elle monte au créneau tous les jours pour me défendre. Rien ne lui échappe. Je l'ai rarement rencontrée. Elle devient ma principale avocate *on line*. Dans mon milieu familial, ma mère, mes nièces, mon ancienne belle-sœur et une cousine germaine m'encouragent. À part elles, certains s'éloignent bien vite. Je ne leur en veux pas.

Brigitte Macron (et son mari) en alliée inattendue

La vague de soutien dont je bénéficie me porte. Quelques jours après la naissance du #balancetonporc, alors que je réponds à une interview de BFMTV, j'apprends en direct que Brigitte Macron a réagi en ma faveur : « Je n'ai que deux mots à vous dire, ça suffit. Je pense que tout ça doit s'arrêter très vite », déclare-t-elle alors qu'elle assiste à une pièce de théâtre sur les violences sexuelles le 16 octobre. L'agenda présidentiel est de mon côté. Par chance, la première dame aussi : « La libération de la parole, c'est ce qui peut arriver de mieux. Elles sont très courageuses de le faire », poursuit-elle, rendant ainsi hommage aux femmes victimes de harcèlement et qui brisent la loi du silence.

La veille déjà, dimanche 15 octobre, lors de son intervention télévisée, Emmanuel Macron annonce « une procédure de verbalisation plus simple » des actes de harcèlement afin d'y apporter une réponse immédiate.

Ce soutien inattendu m'emplit de joie, et cela se voit : ce 17 octobre, en direct, quand j'apprends que la première dame a prononcé ces simples mots « ça suffit », mon visage marqué par le manque de sommeil se détend, irradie et j'arbore un sourire qui ne me quittera plus malgré la situation dramatique que vivent les victimes. Seule une démarche positive pourra nous aider malgré les peaux de banane jetées ici et là. Depuis le début, je lance des appels appuyés au Président, notamment dans une des premières interviews que j'accorde à Sandrine Bajos du *Parisien* :

« J'espère que le président de la République Emmanuel Macron a lu mon tweet et qu'il va légiférer sur le harcèlement. Il y a urgence. »

Dans ma tête, il est clair que je dois avancer aux côtés des gouvernants de mon pays, et non contre eux. L'éloignement de la France me rend plus patriote. Il faut être expatrié pour comprendre ce phénomène d'éloignement/rapprochement. Je n'ai jamais eu le mal du pays, mais je suis de près son actualité.

À des milliers de kilomètres de la France, donc, je suis avec attention les initiatives d'Emmanuel Macron : de toute manière, c'est lui qui aura le dernier mot. Il a fait de l'égalité hommes-femmes sa cause nationale, et ses troupes comme Nicole Belloubet, garde des Sceaux, planchent sur un dispositif de lois. Idem pour Marlène Schiappa dont les projets « bénéficient d'un coup de projecteur », comme me le dira la secrétaire d'État chargée de l'égalité hommes-femmes lors d'une rencontre dans ses locaux rue Saint-Dominique. La secrétaire d'État devient pour les uns « la sauveuse », pour les autres – ses opposants politiques –, la cible à détruire.

6

La libération de la parole en France #balancedulourd

C'est parti pour le grand déballage. Il est nécessaire. Le lendemain du lancement du hashtag, des femmes plus ou moins connues dans les médias commencent aussi à dénoncer leurs porcs. C'est le cas de Henda Ayari qui, immédiatement après avoir nommé Tariq Ramadan, fait l'objet d'attaques très violentes. Cette femme de 40 ans n'est pas journaliste, n'a pas de responsabilité publique, mais elle est, dans son genre, une sorte d'influenceuse sur les réseaux sociaux : ex-salafiste, elle lutte contre l'islamisme, et a écrit un livre un an plus tôt pour raconter son histoire. Dans ce récit, elle expliquait dans un chapitre avoir été violée et frappée par Tariq Ramadan, qu'elle appelait « Zoubeyr ». « C'est la campagne #balancetonporc qui m'a poussée à donner le nom de mon agresseur », déclare-t-elle maintenant. Évidemment, je soutiens aussitôt son initiative. Après elle, deux autres présumées victimes porteront plainte en France.

Christelle, une autre accusatrice souffrant d'un handicap, raconte aussi son viol dans une chambre d'hôtel par un Tariq Ramadan qu'elle décrit d'une extrême violence. Des représailles terribles seront exercées sur Marie, la troisième plaignante à l'avoir dénoncé : son adresse ayant circulé sur les réseaux sociaux, elle sera, d'après sa déclaration à la police, agressée dans le hall de son immeuble et aspergée d'eau. Elle entendra une insupportable menace qu'elle transmettra au paparazzi Jean-Claude Elfassi : « La prochaine fois ce sera de l'essence. » L'islamologue, malgré des demandes incessantes de son avocat, restera enfermé à l'abri derrière les barreaux pour, selon la justice, éviter toute forme de pression sur les victimes. Une autre plainte est déposée aux États-Unis. Des affaires éclatent aussi en Suisse. En attendant son procès, il bénéficie de la présomption d'innocence.

Au fur et à mesure, je discute avec certaines consœurs qui se préparent à donner le nom de leurs prédateurs. Parmi elles, Anne Saurat-Dubois, journaliste à BFMTV, qui s'apprête à balancer son porc, à ce moment-là haut ponte d'une chaîne d'information continue. La journaliste l'accuse de lui avoir fait des avances très claires et renouvelées au cours d'un déjeuner, alors que tous deux travaillaient sur une autre chaîne, lui étant un haut responsable de la rédaction, et elle, pigiste, c'est-à-dire une journaliste au contrat précaire. Devant la réaction scandalisée de la jeune journaliste, il aurait menacé de ruiner sa carrière. Je suis au courant de toute l'histoire, bien avant que la plainte ne soit déposée. Anne la prépare, aidée et soutenue par d'autres journalistes qui se disent elles aussi victimes ou témoins dans la même affaire.

La stratégie d'Anne est bien étudiée : elle choisit tout d'abord de parler dans *Le Tube* de Canal +, une émission dans laquelle j'interviens en duplex, mais elle ne cite pas encore le nom de celui qu'elle accuse. En substance, Anne explique qu'il est compliqué d'apporter une preuve dans ce type d'affaires, car on ne se balade pas forcément avec un enregistreur sur soi en cas d'agression… Dans un second temps, elle balance son nom sur les réseaux sociaux. Il s'agit d'Éric Monier, un professionnel reconnu qui conteste formellement les faits.

La plaignante et ses témoins ont confiance en la justice, pourtant l'affaire se conclura par un non-lieu : si l'avocat d'Anne Saurat-Dubois a bien étudié la stratégie, et monté un bon dossier, il a oublié un paramètre important, le délai de prescription. Le temps a joué contre elle.

La nouvelle chaîne qui emploie le « porc » d'Anne Saurat-Dubois lui fait prendre du galon quelques mois plus tard. Une promotion impensable aux États-Unis, d'autant que même en France un « non-lieu pour prescription » n'est absolument pas une reconnaissance judiciaire d'innocence.

Lorsque les victimes balancent leur patron ou même leurs collègues, leur principale crainte est de ne plus retrouver d'emploi. Anne Saurat-Dubois n'a pas dérogé pas à la règle : comment rebondir dans le journalisme après son procès manqué face à celui qui est devenu directeur de rédaction de la première chaîne d'information de France ? Après un essai concluant à BFMTV où elle a couvert l'actualité politique – ce qui lui a évité de ruminer sa « pseudo »-défaite –, elle suit la politique en CDD et devient joker de la rédaction pour couvrir les déplacements du président de la République. Pour l'instant, son avenir n'est pas entaché par « l'affaire », mais il reste incertain.

Malgré son issue frustrante, cette plainte aura eu le mérite d'avoir un réel retentissement dans le Landerneau journalistique parisien. Les noms des porcs présumés arrivent en masse sur mon Facebook, Twitter ou même Instagram. Celui de Giulia Foïs, journaliste à Radio France, retiendra l'attention des médias : « Un red chef, grande radio, petit couloir, m'attrapant par la gorge : “un jour, je vais te baiser, que tu le veuilles ou non” #balancetonporc ».

Le parcours de Giulia Foïs joue en sa faveur : c'est une journaliste reconnue et crédible. Ancienne de *Libération*, elle a collaboré à l'émission *Arrêt sur images* de Daniel Schneidermann sur France 5, présenté le journal sur feu I-Télé. Quelques mois plus tard, Patrice Bertin, haut ponte de Radio France, est remercié par Mathieu Gallet, le P.-D.G. de l'époque.

Les premières femmes qui accusent sont journalistes, travaillent dans la production, le spectacle. Ce sont des personnages publics, qui ont des comptes Twitter certifiés, et sont des influenceuses. On leur fait confiance, car elles n'ont aucune raison de risquer leur carrière en mentant.

S'il est une affaire que je suis de près, c'est celle qui implique Frédéric Haziza, journaliste animateur de deux émissions sur La Chaîne parlementaire. Il est accusé par Astrid de Villaines, une consœur. Suite à une plainte déposée le 19 novembre 2017, la société des journalistes de LCP exige que l'animateur se retire de l'antenne et qu'il soit mis à pied à titre conservatoire. Le 21 novembre 2017, Haziza est effectivement suspendu d'antenne et présente publiquement ses excuses. Son ami Bernard-Henri Lévy lui apporte son soutien en ces termes : « Qui nous fera croire qu'Haziza est le Weinstein français ? Et comment mettre un signe égal entre ce qui lui est reproché et ce dont on accuse Ramadan ? »

Pour B-HL, il faut donc avoir violé pour être dénoncé. Le reste n'est sans doute pas assez grave... Cette mise en perspective me rappelle le tweet privé de l'« ami professionnel » dont je parlais plus tôt, celui qui se réjouissait que je ne fasse pas la différence entre une « drague lourdingue » et un viol. Existe-t-il un trophée de la mauvaise foi ? B-HL va en revanche soutenir Henda Ayari, la première de trois femmes à avoir porté plainte contre le prédicateur islamiste Tariq Ramadan.

Dans sa plainte contre Frédéric Haziza, Astrid de Villaines déclare : « Je lui ai redemandé de libérer le passage, mais M. Haziza a insisté pour que je passe devant lui, sans qu'il bouge. Je suis donc passée devant lui, face à face. M. Haziza a alors tendu son bras droit, autour de ma taille. Sa main s'est alors retrouvée au niveau de mes fesses, côté gauche, en l'appuyant fortement. Dans le même temps, M. Haziza m'a pincé la fesse gauche. » Au cours de mon enquête, mes sources confirment : « Les femmes de la rédaction en ont marre de se faire attraper par les seins ou se faire toucher les fesses sur le ton de l'humour potache. Il fallait bien que l'une d'entre elles parle. » Une ancienne journaliste passée quelques mois à LCP me donne plus de précisions : « Les femmes évitaient de traîner à la machine à café et à la photocopieuse… »

On me donne d'autres détails, d'autres noms de victimes présumées. Ce qu'évidemment l'intéressé dément.

Alors, que je mène l'enquête, les pressions s'accentuent. Il ne me lâche pas, moi et d'autres confrères. Nils Wilcke, journaliste à *20 minutes*, roi des réseaux sociaux, m'indique sur Twitter qu'il est l'objet de l'agacement de Frédéric Haziza depuis qu'il a tweeté publiquement sur cette affaire. Il me fait suivre les tweets qu'il reçoit : « Je vois que depuis trois mois vous vous intéressez beaucoup à moi. Votre insistance est remarquable. Bonne continuation. »

Le 7 mars 2018, je recevrai également mon petit message en privé, également sur Twitter, sur le même ton que celui de mon confrère : « On ne se connaît pas, mais je vois que vous vous intéressez publiquement à moi depuis trois mois très exactement, depuis 106 jours à travers des tweets diffamatoires et/ou insultants, prenant parfois la forme de dénonciations calomnieuses. En outre, le 28 décembre dernier à New York, vous avez osé accuser publiquement une jeune fille membre de la délégation de l'UEJF, devant laquelle vous vous exprimiez d'avoir « couché avec moi ». Et ce tout simplement parce que cette jeune fille de 24 ans s'était permis de vous contredire et de me défendre, en réponse aux ragots que vous aviez relayés devant une assemblée d'une soixantaine de personnes. L'une de ses amies vous a alors répondu que Anne cette jeune fille était ma nièce. Et je dois dire que vos propos et une accusation glauque qui prouvent que vous avez une bien curieuse notion des relations entre les femmes et les hommes. Bref, votre attitude est vraiment remarquable. N'est-ce pas ? Bon courage pour la suite. Frédéric Hazia. » Nos échanges s'arrêteront là. Même si nous avons essayé de nous rencontrer pour échanger de façon plus apaisée, nos agendas respectifs ne nous l'ont pas permis.

Frédéric Haziza ne digère pas cet affront en son absence devant les étudiants. Ce fameux 28 décembre auquel il fait référence, invitée par l'Union des étudiants juifs de France, je m'exprime sur la distinction de Silence Breakers que je viens de recevoir par *Time Magazine*. J'indique que le climat dans la rédaction de LCP est délétère et que « la photocopieuse et la machine à café sont des zones à éviter pour les femmes », reprenant les confidences d'une ex-journaliste, que je connais bien, de la chaîne. À ces mots, je vois que la jeune fille qui m'a invitée change de couleur. Elle devient blême. Tremblante, elle me demande sur un ton très agressif pourquoi je ne protège pas la présomption d'innocence, m'explique qu'elle connaît le dossier et qu'une enquête en cours ne donne rien. Je lui demande, devant témoins, si elle est membre de la famille Haziza, elle me répond que non. Je lui indique que si elle a des pièces contradictoires, elle peut me les envoyer et que je les traiterai avec objectivité. Son attitude conduit l'un des responsables de l'UEJF à calmer le jeu. L'amie qui m'accompagne, ainsi que des étudiants, assistent à la scène. Je m'absente quelques minutes pour fumer une cigarette et faire retomber la tension. Au retour, elle s'excuse auprès de moi. J'apprends par son entourage qu'elle est la nièce de Frédéric Haziza.

Quelques semaines plus tard, j'interviewe la patronne de la chaîne, Marie-Ève Malouines. Elle se montre assez vite agressive à mon égard. Évidemment, je consigne tout. C'est une période où je manque de temps, je suis submergée par les réactions en chaîne que #balancetonporc suscite. Quelques jours après un article du *Point* à charge contre moi, Marie-Ève Malouines m'envoie un recommandé avec accusé de réception pour que je publie son droit de réponse dans mes colonnes suite à un article que j'ai publié dans *La Lettre de l'audiovisuel.* Je m'y résous.

À l'époque, Marie-Ève Malouines m'avait lancé : « Vous n'aviez pas le choix pour le droit de réponse. » Elle se trompe. J'ai le choix : les patrons de presse ont trois jours ouvrables pour décider ou pas de publier un droit de réponse. En cas de litige, l'affaire se règle devant un juge. Je suis dans mon bon droit, je le sais, je ne risque rien. Et si j'ai publié ce droit de réponse, c'est par commodité : je n'ai pas d'énergie à gaspiller, alors que je suis assaillie de demandes en tout genre liées à #balancetonporc. La liberté d'expression est le fondement de notre société.

Lorsque je l'ai interviewée, j'ai tenté d'expliquer à la dirigeante de LCP pour quelles raisons, selon moi, elle s'était mis ses salariés à dos, et je lui ai dit qu'il serait judicieux qu'elle leur parle. Quelques années auparavant, j'ai été la première à soutenir sa nomination comme patronne de LCP, j'étais même vent debout contre ses détracteurs, soupçonnant de leur part une misogynie latente. Cette fois, Frédéric Haziza comme

Marie-Ève Mallouines m'ont prise en grippe. Il faut dire que j'ai annoncé en avant-première la démission d'Astrid de Villaines suite au retour de Frédéric Haziza sur LCP à la fin de sa mise à l'écart. L'information est reprise dans toute la presse. Astrid de Villaines refuse de croiser l'animateur : même s'il ne réintègre pas les bureaux de la chaîne, il fréquente toujours le studio d'enregistrement où il tourne ses émissions.

Les gens de pouvoir se sentent souvent intouchables, voire au-dessus des lois. Ils reconnaissent rarement leur tort, avouent difficilement leurs faiblesses. Ce faisant, ils prennent des risques. Cela peut leur coûter leur place. Pourquoi ne pas faire amende honorable ? Le pouvoir brûle souvent les ailes.

Marie-Ève Malouines est une professionnelle reconnue qui a eu le mérite de moderniser la chaîne. Mais elle ne sera pas nommée à sa propre succession. Le bureau de l'Assemblée nationale lui préférera Bertrand Delais, car suite à l'affaire Haziza une motion de défiance sera votée contre elle. Pour sa défense, elle m'expliquera qu'en l'absence de preuves contre lui, elle a suivi la procédure normale en le réintégrant. Qu'elle gère une entreprise et suit les règles du droit. Pourtant, son refus de négocier le départ d'Astrid de Villaines enterrera à tout jamais les velléités de cette première femme présidente de la chaîne de l'Assemblée nationale de continuer à la diriger. En plein mouvement de libération de la parole de la femme, elle fera preuve d'un peu d'empathie pour ses pairs qui lui sera fatale. De son côté, après avoir œuvré durant plus de dix ans à LCP, Astrid de Villaines démissionnera pour un contrat de courte durée (trois mois) au *Monde*, comme je l'indiquerai en exclusivité dans *La lettre de l'audiovisuel*.

Pourtant, Frédéric Haziza fait amende honorable dans un tweet du 21 novembre 2017 : « J'ai compris que j'avais involontairement blessé ma collègue. Je réitère mes excuses, n'ayant jamais eu l'intention d'outrager quiconque. » Mais, comme beaucoup, il continue de minimiser. Il me dira lors d'un échange téléphonique houleux qu'il a « attrapé le mollet » d'Astrid de Villaines. Une version qu'il sert aussi de manière officielle. La justice sera plutôt clémente avec lui puisqu'il bénéficiera d'un simple rappel à la loi. Il s'empressera de m'envoyer, comme à son habitude, sa version des faits par WhatsApp : « Pour rétablir la vérité, je dois vous dire que le parquet a décidé de ne pas me poursuivre » (14 juillet 2018). Dans un communiqué, Astrid de Villaines et son avocat Simon Clemenceau indiqueront que « cette mesure alternative aux poursuites se borne à constater une violation de la loi, sans rien dire de la gravité. Et ce alors même que les faits n'étaient pas prescrits, qu'ils se sont déroulés sur le lieu de travail d'une entreprise chargée d'une mission de service public, que les témoins ont attesté des faits devant les enquêteurs et que le préjudice moral de la victime s'établit à cinq jours d'ITT. » La journaliste considérera ce verdict comme « une offense à toutes les victimes d'abus sexuels », écrira-t-elle dans un ultime tweet sur cet épisode.

Bien sûr, après #balancetonporc, la parole de ces femmes journalistes se révèle précieuse. Mais elle n'aurait jamais eu autant d'écho si d'autres femmes, courageuses, ne leur avaient ouvert la voie. Flavie

Flament est l'une d'elles. En 2016, dans son second roman *La Consolation*, elle raconte son viol à 13 ans par un photographe « connu et reconnu de tous ». Elle n'ose pas le désigner car le délai de prescription est passé. Le nom de David Hamilton circule. Flavie Flament le balancera sur le site de *L'Obs* le 17 novembre 2016, après avoir étudié un recours avec d'autres victimes qui se sont mises elles aussi à parler. Il nie. La suite de l'histoire est également terrible, puisqu'il se suicidera quelques semaines plus tard. Flavie Flament est alors missionnée par le gouvernement Hollande pour réfléchir aux évolutions possibles des délais de prescription des crimes sexuels commis sur les mineurs. De façon plus générale, la question de la prescription agite la société. L'affaire Baupin a eu un grand retentissement dans le monde politique : quatre plaintes ont été déposées, quatorze femmes ont témoigné dans les médias et une quarantaine de personnes ont été entendues par les enquêteurs de la Brigade de répression de la délinquance contre la personne (BRDP). Le leader des Verts bénéficiera d'un non-lieu pour prescription, et attaquera ensuite les médias et plusieurs femmes en diffamation, dont une avec laquelle je m'entretiens et dont le témoignage figure dans ma liste secrète. Cette dernière m'exprimera tout le dégoût ressenti à l'énoncé du verdict. Sandrine Rousseau, l'une des plaignantes, expliquera au *Huffington Post* (17 décembre 2017) : « Les attaques judiciaires marchent parce que les violences sexuelles sont mal reconnues par les tribunaux. Les procédures instillent le doute sur la probité des plaignantes, et cela profite aux accusés. »

#balancetonporc

En dehors du palais Bourbon, des collines de Hollywood ou du Festival de Cannes, des milliers de femmes anonymes, bien loin de la lumière portée des projecteurs, rencontrent le même type de problèmes. Même #balancetonporc ne peut faire que leur voix porte comme celle des stars de la télé ou du cinéma. Il est urgent de s'occuper d'elles. Elles étaient une masse silencieuse. Désormais, elles sont visibles, audibles. Pas assez à mon goût.

7

Écouter les laissées-pour-compte #balancedanstacité

Quelques mois après que l'effet strass et paillettes de Hollywood est retombé, un article des *Inrockuptibles* publié le 18 avril 2018 retient mon attention et me peine. Il est titré : « Balancetonporc est un mouvement pour l'élite ».

Paradoxalement, je le trouve à la fois lucide et injuste. Partant à la rencontre de femmes dans les banlieues, les cités, les journalistes font un remarquable travail d'enquête, qui démarre en trombe : « Il y a quelques années, son mari la frappe pour la énième fois. Ce jour-là, il tente de l'étrangler. Gabrielle comprend que sa vie est en danger et trouve le courage d'appeler la police. Encore aujourd'hui, la réponse qui claque dans le combiné courrouce ses yeux en amandes. "Madame, on en a marre de vos histoires d'Africains." "Je n'ai pas réagi, j'avais mon fils à gérer derrière, murmure-t-elle estomaquée. J'avais l'impression que c'était moi la coupable." » L'article poursuit : « Gabrielle hausse les épaules. Elle voit ce mouvement d'un œil mitigé. "Balancetonporc ou MeToo, on en parle parce que ce sont des personnes connues avec les moyens de se faire entendre, estime-t-elle. Quand on vient d'un milieu compliqué, c'est plus difficile. Dans les quartiers, on a d'autres problèmes." » Avec cette contre-enquête, le magazine *Les Inrockuptibles* met le doigt sur une réalité pénible.

Les anonymes, les banlieusardes, les CSP défavorisées sont-elles laissées de côté ?

Et si le magazine avait raison ? Si nous n'étions que les porte-parole de l'intelligentsia dorée ? Et si nous n'étions que la partie émergée de l'iceberg, la plus clinquante ? Je repense à ce titre de *Time Magazine* qui a classé une trentaine de femmes, dont moi, « Person of the year » : la majorité d'entre nous ne sommes pas bling-bling. Il y a des femmes de ménage, du personnel hospitalier, des enseignantes. J'aimerais d'ailleurs m'adresser directement à ces femmes pour leur dire qu'elles sont loin d'être des citoyennes de seconde zone et que leur voix compte !

Pour ma part, je ne me sens pas élitiste. Je viens, comme je l'ai dit, de Clichy-sous-Bois, Seine-Saint-Denis, le fameux 9-3. J'ai eu certes la chance d'en partir au moment où l'air saturé de violence devenait difficilement respirable, mais c'est bien là que j'ai grandi, dans cette banlieue des trop souvent laissés-pour-compte. Et je suis bien la preuve que l'on peut prendre la parole pour le plus grand monde, sans distinction de classe sociale, de frontières, de provenance ethnique, de religion. C'est certainement de mes années à Clichy-sous-Bois que je tiens ma force et mon côté insubmersible. Non, les femmes de banlieue ne sont pas toutes des victimes impuissantes, elles sont même plutôt pour certaines bien armées pour se défendre. Et, oui, #balancetonporc a une connotation très « banlieue ». Plus fleurie que #balancetonharceleur, #exprimetondésarroi ou #dénoncetongoujatquediantre. Je l'assume. Sans mon expérience dans cette banlieue difficile, qui m'a sans doute donné l'agressivité nécessaire, la niaque pour me battre dans la vie, je n'aurais peut-être pas trouvé le courage de parler. Puis de ne pas reculer. Dans un milieu professionnel plutôt marqué par un certain confort et parfois une certaine léthargie, je n'aurais peut-être pas pris le risque de bousculer l'ordre établi.

Secouée en mon for intérieur par l'enquête des *Inrocks*, je choisis de ne pas être consensuelle, lors d'un colloque organisé par En Marche Montréal. Et je martèle : « Nous ne sommes pas ici dans un entre nous, entre CSP + . »

Cela me vaut des attaques à peine voilées de la seconde conférencière qui a mal interprété mes propos. Des observateurs me disent qu'elle s'est sentie visé, ce qui n'était absolument pas le but. Épuisée, après un voyage de dix heures en bus de nuit entre New York et Montréal, je ne suis pas sûre d'avoir brillé à ce colloque, mais j'ai été honnête. Je décide, toujours avec l'article des *Inrocks* en tête, de clamer que je me fais aussi la voix des caissières ou des agricultrices. De toutes les victimes, quel que soit leur statut social.

En préparant cet événement de Montréal, j'ai découvert le terme de *Black Feminism*, du nom d'un mouvement né dans les années 1960 lors de la revendication des droits civiques qui a abouti à l'abolition « officielle » de la ségrégation raciale. Le Black Feminism a été créé par les femmes noires, pour faire face au racisme du féminisme blanc et au sexisme du mouvement noir. Sa lutte est basée sur une « analyse intersectionnelle » des systèmes d'oppression (sexe, race, classe, etc.).

Sept mois après avoir personnellement lancé un mouvement féministe, je trouve enfin un terme qui me convient. Je souhaite défendre toutes les victimes, sans notion de couleur ni de classe sociale.

Beaucoup de victimes et la loi du silence

Le 23 février 2018, alors que les révélations sur les violences sexuelles se multiplient, la fondation Jean-Jaurès publie une étude réalisée par l'Ifop sur *Le viol et les violences sexistes en France*. Parmi les chiffres marquants on découvre que 43 % des femmes interrogées affirment avoir subi des caresses ou des attouchements sexuels sans consentement et 12 % déclarent avoir été victimes de viol.

Les autres résultats sont tout aussi accablants. La fréquence d'exposition des femmes à différents comportements sexistes ou à caractère sexuel est élevée : 58 % des femmes interrogées ont déjà été exposées à des comportements déplacés, 57 % à des propositions dérangeantes et une sur deux à des insultes ou des remarques à caractère sexiste (50 %). Il en est quasiment de même pour ce qui est des gestes grossiers à connotation sexuelle (45 % des femmes y ont déjà été confrontées).

La plupart des femmes concernées par ce type d'agressions ne l'ont pas été qu'une seule fois, plus du tiers d'entre elles déclarent avoir été victimes « de nombreuses fois » de comportements déplacés ou de propositions dérangeantes. 29 % ont été « de nombreuses fois » l'objet d'insultes ou de remarques à caractère sexiste. 25 % ont « de nombreuses fois » souffert de gestes grossiers et 22 % de caresses ou attouchements à caractère sexuel sans leur consentement.

Le silence sur de tels actes a été jusque-là l'attitude la plus couramment suivie par les victimes. Concernant les affaires de viol, seules 38 % en ont parlé à un ou des proches et 15 % seulement ont porté plainte.

Les viols et les agressions sexuelles sont les crimes et délits pour lesquels on porte le moins plainte en France. Il en est de même aux États-Unis : selon le Bureau of Justice Statistics (BJS), seulement 23 % des viols et violences sexuelles sont rapportés à la police... contre 58 % pour une agression physique ou 54 % pour un vol (chiffres 2016 publiés en 2017).

Cette réticence à porter plainte s'explique sans doute en partie par le qu'en-dira-t-on. Nous vivons encore à une époque où certains pensent que les femmes mentent lorsqu'elles disent avoir été violées quand ils ne pensent pas qu'elles inventent une agression « pour se venger d'un homme ». Il n'est pas rare de minimiser le viol parce que la victime était ivre ou droguée, parce qu'elle avait tardé à porter plainte, avait omis des détails, ou souffrait d'une maladie mentale. La notion de consentement fait souvent l'objet de vifs débats. C'est exactement le type d'arguments avancés dans une Cour de justice pour décrédibiliser une victime, et les juges, souvent impuissants, tranchent pour le bénéfice du doute. Les mœurs de la victime, sa sexualité, ses liens avec celui qu'elle accuse sont aussi des éléments à charge contre elle. Un manque de preuve peut aussi servir à déclarer qu'il y a eu mensonge. C'est toutes les mentalités qu'il faut changer, à commencer par celle des professionnels de la loi ! Je lance un appel aux juges pour comprendre ces changements de société et avoir les moyens d'y répondre de manière adéquate.

8

Combattre le harcèlement

À toute heure du jour ou de la nuit, je converse sur les réseaux sociaux avec une kyrielle d'anonymes. Aux « influenceuses », qui ont été les premières à dénoncer, se joignent très vite restauratrices, enseignantes, chercheuses, policières, agricultrices, caissières, femmes de ménage, ou ouvrières des usines automobiles Ford aux États-Unis... Je les renvoie vers des associations, car je n'ai pas de compétences de psychologue, ni de juriste. Mon avocat, Alexis Guedj, décide de traiter quelques dossiers gracieusement. Mais il est difficile de choisir des victimes plutôt que d'autres, et nous ne pouvons pas répondre à toutes. Nous décidons ensemble de lancer plus tard une association pour les soutenir au mieux. En général, les victimes livrent leur désarroi face à la justice. Elles ont l'impression de ne pas être entendues, que leur histoire ne compte pas. Elles se sentent désarmées.

Devant la justice

Parmi les propositions, celle de Jacques Toubon, défenseur des droits, me semble judicieuse : il propose que dans les cas de harcèlement un enregistrement sonore puisse être proposé au tribunal. Il plaide pour que soient acceptés, devant les juridictions civiles (Prud'hommes) et administratives, les « enregistrements clandestins » (à l'insu du harceleur), lesquels ne sont admis qu'au pénal. Les enregistrements du harceleur à son insu ne doivent plus être considérés comme de la déloyauté au tribunal : « Le renversement de la preuve est une autre piste. Au salarié se prétendant victime de présenter des SMS, des courriers… ou tout autre élément. À charge, pour le harceleur présumé, de démontrer son innocence. Le défenseur des droits pense qu'il serait bon de faire connaître plus largement cette évolution, qui vaut, d'ailleurs dans tous les cas de harcèlement sexuel, pas seulement au travail », écrit *L'Express*.

Pour Marilyn Baldeck, déléguée générale de l'Association européenne contre les violences faites aux femmes au travail (AVFT), citée par l'hebdomadaire, il faut aller plus loin. Elle dénonce une vision « archaïque » de ce qu'est une preuve : « On parle encore de "délit d'alcôve", de "la parole de l'un contre parole de l'autre"… Il suffirait d'appliquer la technique du faisceau d'indices. Aujourd'hui, le fait qu'une autre victime au même poste se soit précédemment plainte ne vient pas conforter la parole de la plaignante actuelle, comme s'il ne s'agissait pas d'un indice ! »

Naissance difficile de WeWorkSafe (#balancetonassoc')

Organiser un après #balancetonporc dans les entreprises est nécessaire. Je décide de m'y atteler. C'est ainsi qu'après un *brain storming* de plusieurs semaines, avec mon avocat Alexis Guedj, nous nous mettons d'accord sur un nom : WeWorkSafe. Il s'agit d'atténuer le côté agressif de #balancetonporc, d'autant que personne en France n'a perçu le côté humoristique et caricatural de l'expression. Il faut rétablir une atmosphère de calme. Il est possible de revendiquer ses droits en toute sérénité… Ou en tout cas d'essayer ! Monter une association depuis l'autre côté de l'Atlantique est une mission de longue haleine. Je ne suis pas certaine d'y parvenir. Je doute mais je continue. Petit problème, deux entreprises, WeWork, une organisation de partage de bureaux, et WorkSafe qui assure la protection des salariés principalement sur des chantiers, s'opposent à l'utilisation de l'appellation WeWorkSafe, la jugeant trop similaire à la leur. J'ai aussi pensé à WomenSafe mais trouve ce nom trop clivant sur le côté protection des femmes puisque les hommes aussi pourront avoir besoin de nos services.

Le milieu associatif est un domaine que je ne connais pas et qui me fait un peu peur. Je bénéficie des conseils du journaliste Christophe Nick, un de mes modèles, qui avait lancé en 1999 un collectif « Stop violence », afin d'endiguer les guérillas urbaines. Du coup, il a mis ses activités professionnelles de côté. Il me briefe. Il me conseille pour ma santé mentale de continuer mes activités, lui-même les ayant mises entre parenthèses pendant un an le temps de créer une association. Il m'explique les revers de ce milieu que je ne connais pas. Je comprendrai plus tard que certains dirigeants ou dirigeantes associatifs basculent vite de la défense du collectif à un but beaucoup plus personnel. Je comprendrai aussi que certains tirent la couverture à eux pour satisfaire leur ego. Que la venue dans leur monde d'une novice mais à l'envergure internationale et médiatique leur fait de l'ombre. Il arrive qu'ils se grillent aux feux des projecteurs médiatiques, et que cela les éloigne de leur objectif premier.

Dans mon milieu de journalistes, nous nous respectons, et les coups bas sont plutôt rares. Mais je découvre vite que les associations se livrent une guerre sans merci, se volent des idées.

Exemple : avec une dirigeante d'association de femmes réalisatrices, nous évoquons l'idée de lancer une opération coup de poing lors de la remise des Césars. Je demande à L., appelons-la Léonie, de contacter une actrice qui avait émis la suggestion de constituer un Time's Up à la française alors que les avocats de l'organisation américaine que nous avons interrogés nous disent clairement qu'il n'y aura pas de déclinaison en France. Lors de la dernière cérémonie des Golden Globes, les actrices avaient décidé de s'habiller en noir en guise de soutien aux femmes victimes, soutenues par beaucoup d'hommes du secteur. Nous informons l'actrice sur un tweet public. Pas de réponse. Léonie la contacte pour lui suggérer l'opération coup de poing en France au moment des Césars. Laquelle répond qu'elle nous recontactera. Malheureusement, elle ne soutient pas notre projet. Qu'elle n'est donc pas ma surprise, quelques semaines plus tard, de découvrir cette opération dans la presse ! Montée sans nous évidemment.

Comme cela sert l'intérêt collectif et que je suis loin de la France, je ne réagis pas officiellement... Mais je comprends que le bizutage du milieu associatif a commencé très fort.

La Fondation des femmes me paraît beaucoup plus sérieuse et vraiment militante. Anne-Cécile Mailfert, qui la préside, me propose très rapidement son aide. Cette grande argentière souhaite mettre son expérience d'experte de levée de fonds au service des femmes. En deux ans, elle a construit une marque, une institution qui finance des associations. En organisant différents événements à but lucratif, elle a remis sur les rails l'AVFT qui avait dû fermer son standard par manque de moyens. J'accepte son aide : elle nous offre des locaux dans le XIe arrondissement. Même si elle est associée à l'opération des Césars, je continuerai à faire confiance à son professionnalisme et à son militantisme.

Au fil du temps, je réunis des forces vives : des inconnues, investies dans la cause, et dont j'ai reçu les témoignages et les propositions d'aide, et ma garde rapprochée constituée de connaissances, relations professionnelles et amies dans la vie ou sur Facebook. J'ai passé au cours de ma vie américaine beaucoup de temps à converser avec des « amis », à les défendre : ils me le rendront au centuple. Marie, Marlies, Marie-Loup, Violaine, Anne-Sophie, Mathilde, Yasmina, Kester, Laurent, Kyle, Pierre, Nathalie, et j'en oublie, tous forment une chaîne de solidarité. #bienveillance. Le graphisme, la traduction, chacun met la main à la pâte.

Éradiquer les mauvaises habitudes dans les entreprises

Avec Alexis Guedj, nous proposons aux entreprises un logo à apposer sur leur document : il allie le signe de la femme et de l'homme pour insister sur la vision non sexiste de l'association. Nous défendrons toutes les victimes d'agression sociale, femmes, hommes, transgenres. Nous proposons aussi aux entreprises une charte rédigée par une juriste bénévole, en échange d'un ticket d'entrée, afin que WeWorkSafe puisse offrir des prestations juridiques et psychologiques aux victimes de harcèlement au travail.

L'élaboration de ce document nous demande beaucoup de finesse : la charte doit afficher la défense des salariés victimes sans froisser les entreprises, qui doivent malgré tout accepter leurs responsabilités. Nous demandons à nos partenaires une contribution financière qui ira dans un pot commun pour défendre les victimes.

Les grands principes de WeWorkSafe

Le mouvement WeWorkSafe se fonde sur des valeurs d'égalité, de dignité et de liberté individuelle, sans distinction de sexe. Quels en sont les grands principes ? Il a pour objectif de transformer le lieu de travail en un lieu de vie serein et sécurisant, où chacun pourra être respecté, motivé et épanoui professionnellement. Il a pour vocation de réunir un ensemble de dirigeants engagés, formant une communauté de travail, portée par les mêmes valeurs et les mêmes objectifs. La charte s'ajoute aux dispositions légales et réglementaires existantes qui, bien que nombreuses, restent trop souvent inappliquées ou insuffisantes.

En adhérant, l'entreprise partenaire démontre sa détermination à lutter contre les comportements sexistes, les violences sexuelles et le harcèlement sexuel au sein de sa structure. Les membres du mouvement WeWorkSafe sont convaincus qu'unc prise de conscience a eu lieu au sein de notre société car, point majeur, sexisme, harcèlement sexuel et violences sexuelles ne sauraient être plus longtemps ignorés ou tolérés.

Le moment est venu d'agir, non pas dans le conflit ou l'opposition, mais bien dans une dynamique collective et collaborative.

Point déterminant : un nombre de dispositions précises doit être avalisé par les entreprises afin que le logo, le précieux sésame, leur soit octroyé pour un an. Sans rentrer dans les détails que nous gardons pour nos partenaires, en voici le principe :

1) Prévenir le sexisme et les cas de violences et de harcèlement sexuels : agir concrètement pour mettre fin à ces comportements :

a) Sanctionner les auteurs de manière proportionnelle.

b) Mesurer les avancées et partager les bonnes pratiques pour faire évoluer l'environnement professionnel général.

Des prospects frileux

Aux États-Unis, je participe à une réunion de la Chambre de commerce franco-américaine avec des directeurs des ressources humaines, des avocats et des spécialistes du harcèlement. Je leur expose notre projet. Un directeur des ressources humaines m'explique qu'aux États-Unis le concept de la *third perso* – la tierce personne – qui viendrait mettre son nez dans les affaires internes de l'entreprise ne plaît pas. Selon un de mes interlocuteurs, en retravaillant mon speech, en effaçant le côté surveillance, le concept est prometteur.

La France, marquée par un interventionnisme public, nous réserve un accueil plus chaleureux. Deux entreprises se disent intéressées : l'AFP dont je rencontre le président que je connais depuis des années, et le groupe Bolloré. Problème, Emmanuel Hoog, patron de l'agence de presse, démissionne quelques jours plus tard. Du côté du groupe Bolloré, Yannick, le fils de Vincent, m'appelle sur Messenger suite à un échange Facebook afin que nous puissions collaborer. Là encore, tout passe par les réseaux sociaux. Je ne suis pas étonnée de sa spontanéité : je le connais bien, j'ai été la première à l'interviewer lors de son arrivée à la chaîne Direct 8 dont il était directeur des programmes. Il est aux manettes du groupe Bolloré depuis peu, son père prenant un peu de champ suite à une procédure judiciaire. Les pourparlers ont l'air bien engagés. J'apprends que le groupe a organisé en interne deux séminaires : un sur le harcèlement, l'autre sur la corruption. Je croise les doigts pour être incluse dans leur plan.

9

Comment changer la société ?

Rester positive, construire, c'est mon mot d'ordre depuis le début. Faire fi des mauvaises ondes, des trolls, des messages de haine. Avancer, malgré les embûches, les critiques, les insultes, les menaces violentes.

Au départ du mouvement, les réflexions étaient plutôt d'ordre philosophique, et tournaient autour du thème de la libération de la parole. Comment faire parler les victimes ? Quel canal doivent-elles utiliser ? Les réseaux sociaux peuvent-ils se substituer à la justice ? Puis, peu à peu, des pistes de réflexion se sont concrétisées autour d'un second axe : comment favoriser l'écoute ? Les policiers, les tribunaux sont-ils suffisamment formés pour recueillir la parole ? Comment les directions d'entreprises peuvent-elles s'organiser pour écouter et sanctionner les contrevenants alors qu'elles ont parfois tendance à mettre la poussière sous le tapis ? Marlène Schiappa, secrétaire d'État chargée de l'égalité entre les femmes et les hommes, et Nicole Belloubet, garde des Sceaux, travaillent sur une loi contre le harcèlement de rue, et sur l'âge du consentement sexuel. Une grande consultation publique est lancée. Au fur et à mesure de l'avancement de leur projet, je remarque que les propositions pour faire avancer la société contre les agressions et le harcèlement s'organisent de manière de plus en plus efficace.

Travailler avec les forces de l'ordre : l'invasion dans les commissariats

Depuis le lancement du #balancetonporc, d'après des sources « proches du dossier » relayées par l'AFP, les plaintes pour violences sexuelles ont augmenté de 30 % dans les gendarmeries et de 22 % dans les commissariats. Cela représente 360 dépôts de plainte supplémentaires en gendarmerie pour des faits qui peuvent être de l'ordre du harcèlement sexuel, de l'agression sexuelle ou encore du viol. Sur l'ensemble de l'année, les plaintes pour viols et autres agressions sexuelles sont en nette hausse de 12 % pour la police et de 10 % pour la gendarmerie selon un rapport du ministère de la Justice mise en ligne le 25 janvier confirmant la tendance du dernier trimestre.

Cette hausse exceptionnelle semble en partie liée à la libération de la parole des victimes, provoquée par la révélation début octobre de l'affaire Weinstein. L'onde de choc #balancetonporc, le phénomène de société, entre dans les commissariats.

Les mesures gouvernementales sont simples : prévenir, simplifier et sanctionner.

« La justice est prête à faire face à la hausse des plaintes », assure la ministre de la Justice Nicole Belloubet sur RTL le 12 novembre 2017. Elle envisage notamment de lancer des « préplaintes en ligne », sur le modèle de ce qui existe « pour les atteintes aux biens ». De chez elle, la victime pourrait déposer une préplainte sans avoir la nécessité d'aller au commissariat. Elle déciderait ensuite « si elle porte plainte », indique la ministre.

De son côté, Marlène Schiappa travaille sur le harcèlement de rue. « Sanctionner le harcèlement de rue, est-ce vraiment possible ? » s'interroge *L'Obs* dans « Restons Poli(tique)s », une des premières web-émission écrite sous forme d'écriture inclusive.

« Oui, c'est applicable », assure la secrétaire d'État chargée de l'égalité entre les femmes et les hommes, soulignant que le ministre de l'Intérieur Gérard Collomb « a marqué l'engagement des forces de l'ordre, 10 000 policiers qui seront recrutés pour la sécurité du quotidien ».

On s'interroge sur la possibilité de placer un agent derrière chaque intervenant. Les agents seront déployés dans les centres névralgiques comme les gares, les sorties de métro. Il s'agit d'un premier pas à saluer. Les détracteurs se demandent comment verbaliser efficacement et pointent le manque d'effectifs. Pourtant, il n'y a pas d'agent derrière chaque panneau de signalisation stop et les automobilistes s'arrêtent. La démarche doit être la même et les mentalités doivent intégrer les signaux du non-consentement. Contre le harcèlement de rue est prévue une amende de 90 euros (payée sur place) à 750 euros (si elle parvient par courrier).

Ce projet de loi contre les violences sexistes et sexuelles intégrant la verbalisation du harcèlement de rue a été présenté en mars en Conseil des ministres et adopté le 6 juillet 2018.

Protéger tout le monde quel que soit le genre

Ma démarche est de protéger les femmes mais aussi les hommes, les transgenres : 47 % d'entre eux sont agressés sexuellement sur ou en dehors de leur lieu de travail. selon le National Center of Transgender Equality, rapporte le *Time* du 18 décembre 2017 consacré aux personnalités de l'année.

Selon une étude OVC (Office Violence Crime) de 2014, rapportant une étude de 2009, 50 % des personnes qui sont mortes à la suite de crimes de haine étaient des lesbiennes, des gays, des transgenres et des travestis.

Plus récemment, en 2017, une lettre de la US Commission on Civil Rights envoyé à Donald Trump sur la discrimination sur le lieu de travail dresse un état des lieux alarmant : « presque tous les transgenres ont subi du harcèlement sexuel ou des mauvais traitements sur leur lieu de travail », 90 % précisément (*Newsweek* du 29 novembre 2017). 70 % sont poussés à utiliser des toilettes qui ne correspondent pas à leur nouveau genre. Selon le FBI, les agressions physiques à leur encontre augmentent. « Les personnes LGBT sont la cible privilégiée des crimes de haine, plus que n'importe quelle autre minorité. » Les États-Unis ont chaudement débattu de l'utilisation des toilettes en fonction des sexes avant que certains États décident de créer des espaces pour les transgenres. La commission des droits civils américaine a immédiatement envoyé une lettre à Donald Trump pour l'alerter sur cette injustice sociale. En retard, la France commence à tressaillir sur le sujet.

Balancetatruie : les femmes aussi, mais dans une faible proportion

Quelques heures après le lancement de #balancetonporc, je reçois deux messages. Le premier, d'un ami, un garçon métisse aux yeux verts, qui a un succès fou auprès de mes copines. Il m'explique que lui aussi, sur son lieu de travail, est sujet au harcèlement… des femmes, qui lui font des propositions plus ou moins claires. Il ne désire pas rentrer dans les détails, mais je le pousse dans ses retranchements. Employé dans la restauration, il me donne un exemple concret. Une cliente, au moment où il prend la commande, lui lance : « C'est vous le dessert ! »

Quelques minutes après que William me livre son témoignage, un internaute s'offusque que les hommes n'aient pas eux aussi leur espace pour balancer. Nous décidons avec lui de lancer un #balancetatruie. Au départ, les témoignages sérieux se succèdent avant que le hashtag se transforme en troisième mi-temps de rugby avec son lot de blagues graveleuses, et surtout tourne en dérision les témoignages féminins de #balancetonporc.

Le 17 octobre 2017, quelques jours après le premier hashtag, un anonyme lance son site Internet #balancetatruie. Un autre me dit avoir lancé un site.

Je trouve que les hommes sont tout de même nombreux à me contacter, et de tout niveau social : haut fonctionnaire, cadre dans une banque, serveur dans la restauration… Je retiens particulièrement le témoignage de cet ado au visage poupin, qui, pour sa première fête chez des amis, se fera violer dans les toilettes. Il n'osera pas en parler à ses parents, de peur d'être privé de sortie. Ce garçon, plus jeune que mon fils, m'a hanté longtemps.

Sur @balancetatruie, certains hommes sont remontés. En fouinant sur Internet, je tombe sur le site hommelibre.blog.tdg.ch dans lequel un homme s'offusque du comportement de prédatrices présumées en général, dans un article « Fais pareil : @balancetatruie. Il recense les contre-exemples avec des femmes agresseuses, en prenant pour exemple la championne des hit-parades des années 2000, Britney Spears.

Dans « Britney harceleuse ? », l'internaute devient véhément contre les femmes : « Il suffit de voir Madonna embrasser sur la bouche, sur scène, une fan qui ne l'avait pas sollicitée (image 1), ou embrasser Britney Spears et Christina Aguilera sans que cela soit sollicité (images 2 et 3), ou le rappeur Drake qui n'a rien demandé et semble dégoûté (images 4 et 5) pour constater que ce microcosme, qui se veut le gardien moral du monde face à un Trump et un Weinstein, donne en spectacle des attouchements non demandés. » L'ancien garde du corps de la chanteuse a porté plainte contre elle, rappelle l'auteur du texte. « Elle a intentionnellement fait tomber son briquet au sol. Elle s'est penchée pour le ramasser, exhibant alors ses parties intimes. » Il accumule les contre-exemples et donne même un lien vers de très nombreux articles américains sur des femmes violeuses, tueuses, violentes. Cette kyrielle de mauvaises femmes semble destinée à faire oublier que, en majorité, ce sont elles les victimes.

En réalité, à part quelques chanteuses, stars, très puissantes dans le monde du spectacle, la majorité des personnes harcelées restent des femmes. Moins nombreuses aux postes de direction, elles subissent davantage les assauts de leurs collègues hommes qui jouissent de leur position souvent dominante.

Une évolution difficile des mentalités

Créer du lien. Communiquer. Comprendre. Le chemin sera long. Il suffit d'étudier les chiffres pour s'en persuader : la situation des femmes dans notre société patriarcale s'améliore, mais les clichés demeurent et les stéréotypes sexistes ont la dent dure. Une étude géante révélée en mai 2017 portant sur le témoignage de 1 800 personnes de vingt-trois pays différents, Ispos MORI Global, met en évidence des données clivantes sur la place des femmes dans la société. Les sondés considèrent que le rôle des femmes est d'être de bonnes mères et de bonnes épouses (37 %). Elles sont vues comme responsables dans les choix de santé : 77 % des répondants considèrent qu'elles doivent avoir plus de contrôle en matière de santé. Il est toujours amusant de constater que, garantes du bien-être, les femmes sont donc encore cantonnées dans le cliché de l'infirmière et de la soigneuse. Malgré tout, la société évolue : 57 % des sondés pensent que les choses iraient mieux si les femmes avaient des postes de pouvoir dans les instances gouvernementales.

Pourtant, quand elles tentent de prendre des initiatives pécuniaires, comme récolter de l'argent pour une cause ou un projet, elles sont moins prises au sérieux que leurs homologues masculins. Seulement 13 % des start-up qui ont levé des fonds en 2016 étaient dirigées par des femmes. Et ce chiffre, plutôt bas, est en baisse par rapport à 2015 (15 %) selon une étude réalisée par le cabinet d'audit KPMG et l'association StartHer, en mars 2017. Les hommes réussissent à lever deux fois plus d'argent que les femmes : 1,8 million d'euros en moyenne pour les femmes, contre 3,5 millions d'euros pour les hommes selon la même source. En revanche, signe encourageant, on constate une évolution : StartHer indique en mars 2018 que la part des levées de fonds féminines augmente de 1,5 point. Les levées de fonds féminines ressortent en croissance de près de 50 % en volume.

1/3 des femmes concernées sur le lieu de travail (#balancel'égalité)

Près de six mois après le #balancetonporc, des chiffres édifiants tombent dans le monde de l'entreprise : 32 % des femmes françaises affirment avoir déjà été victimes de harcèlement sexuel ou d'agression sexuelle sur leur lieu de travail, comme l'indique l'étude de la fondation Jean-Jaurès réalisée par l'Ifop, publiée le 28 février 2018. La proportion est en forte hausse (+ 12 points) par rapport à une précédente enquête également réalisée par l'Ifop à l'initiative de l'association Mercredi-c-papa quatre ans plus tôt, en janvier 2014. Cette augmentation s'explique-t-elle par une multiplication des cas d'agression au travail ou par une prise de conscience de ces situations qui pousse les victimes à les dénoncer ? Il est trop tôt pour tirer des conclusions.

Il faut d'ailleurs remonter à 2014 pour trouver un rapport officiel sur la perception de l'égalité hommes-femmes selon le point de vue masculin. Cette présentation publique des résultats de l'étude « Les hommes cadres et l'égalité professionnelle » remonte au mois de décembre 2014. Elle s'est tenue au ministère des Droits des femmes en présence de Pascale Boistard, à l'époque secrétaire d'État chargée des Droits des femmes avec des entreprises partenaires comme BNP Paribas, Cofely GDF-SUEZ et Orange.

Cette étude fait le point sur les aspirations des hommes cadres dans les secteurs privé et public en matière d'équilibre entre vie professionnelle et vie personnelle et d'égalité hommes-femmes dans le monde du travail. Dans le détail, elle évoque surtout les insatisfactions des hommes par rapport à leur environnement personnel. Et les résultats sont surprenants : 43 % des hommes pensent qu'ils ne passent pas assez de temps avec leur conjoint ; 44 % pas assez de temps avec leurs enfants mais… 75 % pensent en faire trop ou suffisamment en matière de tâches domestiques.

La préoccupation pour l'équilibre des temps de la vie n'est donc pas réservée qu'aux femmes. Les hommes interrogés trouvent ainsi majoritairement que la place de leur activité professionnelle dans leur vie est trop importante. Ils souhaitent passer plus de temps avec leur conjoint et leurs enfants et sont 81 % à approuver l'aspiration des jeunes générations à un meilleur équilibre. Si certains stéréotypes apparaissent malgré tout encore persistants chez les cadres, ils ont conscience que les inégalités sont fortement liées aux préjugés et à des modalités d'organisations du travail.

Égalité et choucroute

Alors qu'il resterait encore « entre 12 et 27 % d'écart de salaire entre les hommes et les femmes en France », la secrétaire d'État Marlène Schiappa a expliqué vouloir faire « de la pédagogie, de l'explication, de l'accompagnement aux entreprises, notamment des PME », mais aussi mettre en place « des sanctions ». Concrètement, comment protéger les femmes et accompagner le monde de l'entreprise ?

L'égalité des salaires n'est pas à l'ordre du jour mais le gouvernement compte s'attaquer au sujet. Côté harcèlement sexuel, je remarque que quasiment personne ne s'occupe du monde de l'entreprise hormis l'association AVFT.

Pourtant, les militantes lui reprochent de ne pas être de leur côté et de privilégier des initiatives étatiques au lieu de soutenir le tissu associatif. Le bras de fer avec les associations est tendu. Je comprends que, vu les différentes orientations politiques de ces organisations, l'entente et la coopération sont difficiles. Au détriment de la lutte, qui, elle, est commune.

Marlène Schiappa, pour sa part, livre un combat sur tous les fronts, est omniprésente dans les médias pour dispenser son message pour l'égalité des salaires, contre la violence de rue envers les femmes. On lui reprochera encore cette omniprésence médiatique, comme au Festival de Cannes où elle met en place un numéro vert pour dénoncer les agressions sexuelles. Finies les agressions en toute impunité. Curieusement, les critiques sur l'ambiance trop sage de l'édition 2018 se multiplieront. Une spécificité française inimaginable en dehors des frontières.

La loi Schiappa

Les regards convergent vers la rue Saint-Dominique où sont hébergés les bureaux du secrétariat de Marlène Schiappa. Présentée comme un nouvel espoir, sa loi a fait l'effet d'un coup de tonnerre. Les associations, féministes, défenseurs des enfants l'ont vécu comme une trahison pendant que la secrétaire d'État s'est plutôt considérée comme une incomprise.

Dans le détail, les amendes de 90 à 750 euros en cas de harcèlement de rue sont critiquées car les réfractaires pointent le manque de policiers pour constater les faits. Pourtant, Marlène Schiappa indique que des policiers supplémentaires doivent être embauchés. Cette mesure a le mérite d'exister et est saluée à l'international. Critiquée au sein des frontières. Qui a envie pourtant de payer pour siffler une femme dans la rue ?

Le point d'achoppement concerne les enfants et la notion de non-consentement. Les opposants aux projets mettent en avant que désormais un acte sexuel sur un enfant serait puni comme un délit et sort du champ de compétence du crime. « Contrairement à ce qu'on peut lire sur divers sites souvent peu fiables, ce n'est donc pas la loi Schiappa qui a introduit la nécessité de prouver qu'un mineur n'est pas consentant à un acte sexuel : c'était le cas avant ce texte, qui avait justement pour ambition d'introduire une présomption de non-consentement », souligne *Le Monde* du 9 août 2018.

De même, l'âge devait être défini en dessous duquel le non-consentement était automatique. Alors que la garde des Sceaux évoquait timidement le seuil de 13 ans, la secrétaire d'État bataillait pour 15 ans. Arrivée devant les députés en mai, la disposition disparaît. Alors qu'il fallait inscrire clairement dans la loi qu'en deçà d'un certain âge, donc 15 ans, il n'y a pas de débat sur le fait de savoir si l'enfant est ou non consentant. Les conseillers juridiques ont tranché. Cette inscription dans la loi aurait pu être jugée anticonstitutionnelle. Personne n'a voulu tenter le diable et se faire retoquer à la moindre occasion.

Autre pierre d'achoppement : la loi promulguée le 3 août ne contient donc plus de présomption de non-consentement, et se contente d'une formulation plus vague : « Lorsque les faits sont commis sur la personne d'un mineur de 15 ans, la contrainte morale ou la surprise sont caractérisées par l'abus de la vulnérabilité de la victime ne disposant pas du discernement nécessaire pour ces actes. » Et pour tous les mineurs, y compris de 15 ans à 18 ans, « la contrainte morale ou la surprise peuvent résulter de la différence d'âge existant entre la victime et l'auteur des faits. »

De même, l'article 2, qui avait fait grand bruit et prévoyait la création d'un délit d'atteinte sexuelle par pénétration, est passé aux oubliettes, au grand dam des associations qui dénoncent une marche arrière.

En dehors du contenu jugé imparfait (mais quelle loi l'est !), c'est surtout les principaux points du projet qui ont disparu du fait de la multiple réécriture du projet qui provoque le courroux des observateurs. Quand les réfractaires crient à la lâcheté, les équipes du ministère répondent prudence.

Les associations qui reprochent sans arrêt d'être mises sur la touche montent au créneau ; pourtant de graves contre-vérités circulent. Il est faux de dire que cette loi rebat les cartes et revient à une situation antérieure. Elle n'apporte pas les avancées majeures tant attendues concernant les mineurs, certes, mais elle n'est pas du rétropédalage non plus. Les extrapolations très entendues du type « une loi encourageant les pédophiles » proviennent en majorité de la fachosphère. Les mêmes qui attaquent sans arrêt l'avancée des femmes. C'est la France, le pays de la révolution avec un inconvénient : ça n'est jamais assez. Et un avantage : la population est capable de se lever pour des causes justes. N'a-t-on pas évité de laisser un couloir à l'extrême droite en votant Emmanuel Macron, du fait d'un formidable élan de solidarité, alors qu'aux États-Unis où je vis la population plus docile a ouvert une voie d'autoroute à la droite extrême de Donald Trump ? Parfois, je ferai bien faire un stage de dix jours aux États-Unis à ceux qui n'émettent que des critiques – quoique dans les faits, à part remuer du vent, Trump n'est pas si redoutable et a même plutôt boosté l'économie et fait décroître le chômage. Mais les questions de l'égalité hommes-femmes ne sont pas exactement sa priorité. Contrairement à l'Hexagone.

Pourtant, je le constate de loin, le lynchage public de ces mesures par réseaux interposés est une plaie pour le secrétariat des Droits des femmes qui tente de légiférer. Il s'attaque pourtant à la lutte contre le harcèlement de rue, une première, à la prescription en cas de viol à trente ans contre vingt (personnellement, j'aurais préféré comme dans certains États qu'il n'y ait pas de délai du tout) et tente de mieux protéger les mineurs. Non sans heurts.

Et en entreprise ?

Au niveau des entreprises, légalement, le dirigeant est censé assurer la protection de ses troupes. Dans les faits, le management ne fait pas grand-chose. Combien d'exemples de supérieurs hiérarchiques qui vont même jusqu'à protéger les harceleurs ? Cette chappe de plomb doit sauter, et l'omerta tomber. Pourtant, le dispositif français est au point. Les textes de loi, le Code du travail, l'arsenal juridique sont omniprésents et la loi française au taquet… mais ils ne sont pas appliqués ! Je décide de m'engouffrer dans la brèche et de créer une association qui défendra les victimes d'agressions sexuelles, qu'elles soient verbales ou physiques, sur le lieu de travail. De New York, à 6 000 kilomètres, la tâche est ardue. Je tenterai la levée de fonds privée sans trop compter sur l'État, sauf s'il est prêt à m'aider. Je ne suis pas certaine de parvenir à relever le challenge sans un soutien financier majeur pour faire tourner la boutique. Et surtout, je dirige déjà une société à distance avec toutes les complications que cela engendre. Il faut y croire !

10

Le harcèlement en entreprise : quelles solutions ?

Définir le harcèlement pour le combattre

Il existe beaucoup de définitions du concept de harcèlement. Contrairement aux idées reçues, le harcèlement n'a pas à se produire plusieurs fois pour être qualifié comme tel ! La notion de réitération est la plus connue, pourtant, celle dite de pression, dès l'instant où elle ne se produit qu'une fois, mais de manière suffisamment appuyée pour mettre la « victime » dans un état d'anxiété ou d'angoisse manifeste, est aussi valable. La plupart des Français connaissent mal leurs textes de loi, leurs droits et la définition même de harcèlement. Beaucoup pensent que parce qu'un comportement, un geste, une parole ne sont pas répétitifs, il ne s'agit pas de harcèlement. C'est totalement faux.

Même si les termes sont parfois rébarbatifs, ce qu'en dit le Code pénal est pourtant clair et il faut faire l'effort de le comprendre :

« Code pénal - Article 222-33

I. Le harcèlement sexuel est le fait d'imposer à une personne, de façon répétée, des propos ou comportements à connotation sexuelle qui soit portent atteinte à sa dignité en raison de leur caractère dégradant ou humiliant, soit créent à son encontre une situation intimidante, hostile ou offensante. [...]

II. Est assimilé au harcèlement sexuel le fait, même non répété, d'user de toute forme de pression grave dans le but réel ou apparent d'obtenir un acte de nature sexuelle, que celui-ci soit recherché au profit de l'auteur des faits ou au profit d'un tiers. »

Les faits sanctionnés sont punissables, en théorie :

« III. Les faits mentionnés aux I et II sont punis de deux ans d'emprisonnement et de 30 000 euros d'amende.

Ces peines sont portées à trois ans d'emprisonnement et 45 000 euros d'amende lorsque les faits sont commis :

1° Par une personne qui abuse de l'autorité que lui confèrent ses fonctions ;

2° Sur un mineur de quinze ans ;

3° Sur une personne dont la particulière vulnérabilité, due à son âge, à une maladie, à une infirmité, à une déficience physique ou psychique ou à un état de grossesse, est apparente ou connue de leur auteur ;

4° Sur une personne dont la particulière vulnérabilité ou dépendance résultant de la précarité de sa situation économique ou sociale est apparente ou connue de leur auteur ;

5° Par plusieurs personnes agissant en qualité d'auteur ou de complice ;

6° Par l'utilisation d'un service de communication au public en ligne ou par le biais d'un support numérique ou électronique ;

7° Alors qu'un mineur était présent et y a assisté ;

8° Par un ascendant ou par toute autre personne ayant sur la victime une autorité de droit ou de fait. »

De même, selon l'article L1152-1 du Code du travail : « Aucun salarié ne doit subir les agissements répétés de harcèlement moral qui ont pour objet ou pour effet une dégradation de ses conditions de travail susceptible de porter atteinte à ses droits et à sa dignité, d'altérer sa santé physique ou mentale ou de compromettre son avenir professionnel. »

Pourquoi ne pas afficher ces textes de loi de façon vraiment visible, à portée de tous, pour limiter les comportements déplacés ? Dans la cafétéria, près de la machine à café... Car la loi est protectrice. Elle ne se préoccupe pas seulement des rapports entre les salariés d'une même entreprise, mais aussi des membres extérieurs qui entretiennent des liens avec celle-ci !

« Selon l'article 1.1, le champ de l'accord concerne les actes de harcèlement et de violence au travail commis à l'occasion de relations professionnelles entre :

– les salariés d'une même entreprise

– les salariés et des tiers concourant de façon habituelle à l'activité de l'entreprise. »

Reconnaître le harcèlement et le signaler

Le harcèlement survient lorsqu'un ou plusieurs salariés font l'objet d'abus, de menaces et/ou d'humiliations répétées et délibérées dans des circonstances liées au travail, soit sur les lieux de travail, soit dans des situations liées au travail.

Les entreprises de plus de vingt salariés doivent indiquer dans leur règlement intérieur ce qu'est le harcèlement sexuel et comment il est sanctionné. La loi stipule aussi qu'aucun salarié (stagiaire ou contractuel, personne candidate à un poste, etc.) ne peut être licencié ou faire l'objet d'une mesure discriminatoire pour avoir témoigné de faits de harcèlement sexuel ou les avoir relatés.

L'arsenal juridique est donc bien présent. Pourtant, dans les situations litigieuses, l'entreprise privilégie souvent d'autres solutions. Dans un article « Harcèlement sexuel au travail : "Un chèque de 10 000 euros et on n'en parle plus" », *L'Express* (19 octobre 2017) dresse ce constat : « Peu de victimes de harcèlement sexuel en entreprise dénoncent les faits et, quand cela arrive, l'affaire aboutit plus souvent à une négociation qu'à des sanctions. »

Le cas de figure est souvent le même : les faits sont difficiles à prouver, d'autant plus quand ils émanent d'un supérieur hiérarchique en situation de pouvoir. Dans ce cas, c'est le pot de terre contre le pot de fer. Qui gagne la plupart du temps ? Le chef d'entreprise ou sa secrétaire ? Dans les cas les plus insupportables, les plaignantes ne sont pas prises au sérieux, voire suscitent les rires. Seule alternative à la plainte pour les victimes : l'arrêt maladie. Et, parfois, une transaction financière leur est proposée. Un chèque et on n'en parle plus ! Mais ça, c'était avant le #MeToo *movement* qui a balayé toutes les injustices faites aux femmes au sens large.

Et à l'international ?

Le mouvement #MeToo et #balancetonporc ont permis de donner de la visibilité à l'égalité hommes-femmes, notion qui auparavant passait au second plan… Voire au troisième. Pourtant, les avancées sont réelles, et le mouvement rebondit de pays en pays. À peine quelques jours après son lancement, France Culture évalue à quatre-vingt-cinq le nombre de pays qui ont repris le hashtag. « Le #MeToo anglais devient #أناكمان("ana kamane", moi aussi) dans les pays arabes, notamment en Égypte (où, selon l'ONU, 99,3 % des femmes affirmaient en 2013 avoir été victimes d'au moins une forme de harcèlement !), #YoTambien dans les pays hispanophones. En France, c'est le mot clé #balancetonporc qui est utilisé. #QuellaVoltaChe (la fois où) en Italie ». Sur Facebook, on m'envoie des articles du *Time of India* ou d'un journal turc. Mon épicier, étudiant en école de journalisme, m'explique que certaines femmes en Turquie se rebellent. Une radio colombienne m'appelle, ainsi qu'une plateforme pour les pays arabes principalement financée par des Américains. Chaque pays a sa culture et ses problématiques, il faut marcher sur des œufs pour ceux dans lesquels la liberté d'action des femmes est la plus fragile.

Actionner les leviers de la gouvernance au féminin

« Le monde a besoin de femmes leaders », proclame un texte dont les auteures s'appuient sur les débats d'une édition du Women's Forum organisé les 10 et 11 mai 2018 à Toronto, dans le but de préparer ce rendez-vous et d'interpeller les dirigeants du G7. Deux journées pendant lesquelles 700 participants et intervenants – une majorité de femmes, mais aussi des hommes – ont établi la liste des actions à mener. Symboliquement, elles sont au nombre de sept et méritent d'être recopiées telle quelles :

« Mesure n° 1. Les déléguées du Women's Forum demandent aux sept gouvernements, dont les sherpas ont reçu le manifeste, de donner l'exemple en matière de parité afin de renforcer leur crédibilité face au secteur privé.

Mesure n° 2. Renforcer les lois et les dispositifs qui permettent d'assurer la sécurité des femmes. Que ce soit dans leur foyer, sur leur lieu de travail ou dans l'espace public, elles ont le droit d'être protégées des violences.

Mesure n° 3. Même si l'égalité ne relève pas exclusivement de l'État, celui-ci doit créer un cadre dans lequel l'égalité des genres puisse se développer, en particulier en matière d'accès à l'emploi et de salaires.

Mesure n° 4. Assurer un accès égal à l'éducation ainsi qu'aux formations technologiques, afin de fournir les mêmes opportunités aux femmes qu'aux hommes, et de rendre l'innovation plus inclusive.

Mesure n° 5. Impliquer massivement les femmes dans la recherche de solutions au changement climatique. En effet, celui-ci impacte différemment les femmes et les hommes. Ces dernières doivent donc participer activement à l'élaboration des politiques sur le climat.

Mesure n° 6. Les pays du G7 doivent adopter des principes communs en matière d'égalité, et cela en s'alignant sur ceux dont les pratiques sont les plus avancées.

Mesure n° 7. Développer le leadership féminin au sein des gouvernements, et utiliser plus largement l'expertise des femmes dans leurs prises de décision. »

Dans un message adressé aux participants du Women's Forum, le 10 mai 2018, Justin Trudeau, Premier ministre du Canada, avait promis de mettre l'égalité entre les femmes et les hommes à l'agenda de ce Sommet qu'il organise et qu'il préside : « Nous allons démontrer qu'il s'agit d'un grand levier pour l'économie », a-t-il déclaré. Lors de l'Assemblée générale des Nations unies en 2017, je l'avais interrogé et il m'avait fait part de sa volonté de placer l'égalité hommes-femmes comme une priorité en insistant sur les salaires.

11

Les #MeToo *girls*

Hélas, tout doucement, le mouvement se délite. Même si elles paraissent soudées, les #MeToo *girls* ne sont pas forcément sur la même ligne. Elles ont au début l'intelligence de ne pas trop afficher leurs désaccords. Je constate une fissure entre les #MeToo corporate et les #MeToo rebelles. Rose McGowan, définitivement dans la deuxième catégorie, est la première à allumer la mèche : elle évoque le conflit d'intérêts entre le mouvement ravivé par Alyssa Milano, créatrice du #MeToo actuel et les activités de son mari qui fait partie de la Creative Artists Agency. La CAA, entreprise créée en 1975, représente les intérêts d'acteurs, de musiciens, d'écrivains auprès de sociétés de production artistique.

« Qui est derrière Time's Up (un mouvement qui a levé plus de 20 millions de dollars pour la défense des victimes) ? s'interroge Rose McGowan. Qui a besoin d'une bonne attachée de presse ? La CAA. Qui fait partie de ce problème de proxénétisme ? La CAA. »

Selon elle, le mari d'Alyssa Milano serait donc aux manettes afin d'instrumentaliser le mouvement.

L'interview passe inaperçue aux États-Unis, personne n'en parlera de l'autre côté de l'Atlantique. Fair play, la principale concernée, Alyssa Milano, répond qu'elle « continuera à soutenir Rose McGowan ». Dans la série *Charmed*, qui a connu une belle notoriété en France sur M6, les sœurs Halliwell voient leurs destins de sorcières scellés et doivent rester liées. Dans la vraie vie, les protagonistes n'ont jamais été aussi opposées.

Aux États-Unis, à partir de ce jour-là, le mouvement #MeToo se fracture. D'un côté, les rebelles anarchistes qui n'ont pas leur langue dans leur poche, Rose McGowan et Asia Argento, subissent des pressions d'une violence inouïe. De l'autre, la plus consensuelle, Alyssa Milano, dont la carrière, il faut bien l'admettre, déclinait avant d'être mise sous les feux des projecteurs. Il n'était pas rare de la voir vanter des produits ménagers dans des spots TV sur des chaînes américaines. Dès #MeToo, sa carrière d'activiste prend son envol. C'est aussi le cas de Rose McGowan qui va rapidement publier un livre et réaliser un documentaire sur le mouvement.

Se rapprocher des #MeToo girls pour trouver des solutions communes

Très vite, je décide de me rapprocher des #MeToo girls. Contrairement à Alyssa Milano qui a lancé le mouvement, certaines paraissent accessibles. J'entretiens avec Asia Argento et la productrice de Rose McGowan, deux « grandes gueules » comme moi, des relations de tweets et retweets cordiaux. Puis, très vite, une correspondance privée démarre entre nous, surtout avec Asia Argento, par Twitter, puis par mails privés et enfin par téléphone. L'agent de Rose McGowan m'écrit pour me demander si je compte venir en mars 2018 en France. Malheureusement coincée à New York, je les mets en relation avec la Fondation des femmes avec laquelle elles organiseront une interview filmée pour le magazine en ligne *Brut*, une interview pour le quotidien *Libération*, une séance photo avec les cent trente actrices françaises qui ont décidé de porter un ruban blanc aux Césars en guise de protestation contre les agressions sexuelles – un mouvement inspiré de la cérémonie des Golden Globes américains qui malheureusement trouvera une caisse de résonance plus que moyenne dans l'Hexagone.

Peu d'articles, peu de retentissements pour cet événement qui aurait dû marquer son empreinte comme son équivalent aux États-Unis. David Schwimmer (Ross dans la série *Friends*) a d'ailleurs dans la foulée au mois de mars 2018 lancé un #AskForHim, littéralement #DemandeLuiPlus pour que les hommes prennent leur responsabilité et préviennent les abus. « Nous applaudissons le courage et nous apportons tout notre soutien aux femmes, aux hommes et aux personnes sans genre qui ont dévoilé leur harcèlement, leur abus et la violence que les hommes de notre pays leur ont infligés. ». Un mea culpa touchant qui ne trouvera pas son équivalent français.

Pourtant, les Américaines ne ménagent pas leurs efforts. Rose McGowan, présente quelques jours avant la cérémonie des Césars, participe à la séance photo de

Libération. Elle brille par sa simplicité, elle va voir les actrices françaises pour discuter avec elles, se prête au jeu des questions-réponses. Une image qui diffère totalement de celle de la femme tranchante, parfois même brutale, qu'elle affiche en temps normal. En France, malgré son pedigree – elle a tourné avec Tarantino, Brian De Palma – Rose est la « bonne copine » :

« Elle est allée voir toutes les actrices pendant la séance photo de *Libération* », m'explique, enthousiasmée, Anne-Cécile Mailfert, la présidente de la Fondation des femmes qui est aussi l'une des grandes gagnantes de l'opération puisque sa fondation gagne en visibilité dans un événement plus strass et paillettes que ceux qu'elle organise habituellement.

Le comportement de Rose McGowan, chaleureuse et engagée, est une bouffée d'oxygène après la tribune puante lancée par cent Françaises, actrices, philosophes, journalistes, etc., contre #balancetonporc. Certaines sont très célèbres, comme Catherine Deneuve, connues dans leur cercle professionnel comme Catherine Breillat, d'autres sont quasi inconnues, et sans doute en manque de notoriété. Rose McGowan, elle, vient de vivre une période extrêmement pesante, dans une ambiance de polar glauque, qui mêle chantage, menaces, et un corbeau mystérieux. Elle est soulagée de prendre un peu l'air en France, le temps d'assurer la promotion de son livre *BeBrave* traduit par *Debout*, dans lequel elle raconte son expérience de victime. Comme toutes les survivantes de Harvey Weinstein, elle revient de loin, peut-être de plus loin que d'autres. Car elle dénonce aussi une machination suite à ses révélations sur les abus sexuels du producteur. Celui-ci utiliserait des méthodes d'intimidation très au point, comme le raconte le journaliste Ronan Farrow qui a recueilli son témoignage dans un article explosif.

Le cas Rose McGowan, une « victime » gênante à abattre

Rose McGowan serait-elle deux fois victime de Harvey Weinstein ? Son histoire relève d'un mauvais polar. D'abord victime d'agression sexuelle, puis d'un coup monté par lui pour la faire taire ? C'est ce que laisse entendre Ronan Farrow qui a interviewé l'actrice dans le *New Yorker*. Supposée avoir eu des problèmes judiciaires pour détention de drogue, l'actrice s'est rendue de son propre chef aux autorités de Virginie et a raconté ce qui ressemble d'après elle à un traquenard.

Retour en arrière : l'actrice prend l'avion en janvier 2017 pour se rendre en Virginie. Selon sa version, elle s'absente de son siège en plein vol pour se rendre aux toilettes en laissant son sac à dos avec son portefeuille dans la poche avant. Arrivée à l'aéroport, elle s'aperçoit que celui-ci a disparu. Elle fait une déclaration de perte à United Airlines. La suite de l'histoire devient ubuesque. Elle raconte au journaliste qu'un message Instagram mystérieux s'affiche quelques instants lui indiquant : « Vous avez laissé votre portefeuille dans le vol de samedi avec deux sacs de cocaïne à l'intérieur », avant de disparaître. Elle prend peur, se sent suivie dans la rue, laisse passer du temps et reçoit l'appel d'un certain Hugues, qui dit avoir retrouvé son portefeuille, et lui donne rendez-vous. Elle décide de ne pas s'y rendre, et de se présenter devant les autorités judiciaires de Virginie. Le *New Yorker* explique qu'au sein de la compagnie Weinstein on confirme que le producteur a fait appel à des détectives privées pour stopper Rose McGowan. Ronan Farrow affirme que ces enquêteurs privés se sont tour à tour fait passer pour des défenseurs des droits de la femme, puis des victimes, chargés de gagner sa confiance afin de recueillir des informations et de procéder ensuite à des manœuvres d'intimidation.

Un article à charge publié dans l'indifférence générale par BBC News (États-Unis et Canada) le 31 octobre 2017 met le feu aux poudres. L'affaire s'ébruite sur le territoire américain et au Canada. Au cours de mes vérifications pour *La Lettre de l'audiovisuel*, je lis et relis l'article qui a balancé l'actrice. Il s'agit d'une affaire de drogue vieille de neuf mois, dans laquelle aurait été impliquée Rose McGowan. L'actrice aurait été en possession de substance sans que la nature de la drogue en question soit mentionnée.

Épluchant le *New York Times*, je constate que l'article publié sur le site de la BBC n'en reprend que des extraits à charge : il mentionne qu'un avocat proche de Harvey Weinstein aurait proposé 1 million de dollars à l'actrice en échange d'une clause de non-divulgation. Cette dernière aurait songé à demander 6 millions, explique encore le site de la BBC, oubliant de préciser la deuxième partie de la phrase prononcée par l'actrice dans le *New York Times* originel : « C'est dégoûtant. Je ne veux pas de cet argent. » J'ai le sentiment que l'article est téléguidé. Qu'ils ont eu le scoop avec condition. Je connais bien ce genre de marchandage. Venant de la part de la sérieuse BBC, je suis étonnée. Mais peut-être n'est-ce qu'une fausse impression.

L'affaire est inquiétante, surtout à la lueur d'un autre scandale impliquant le producteur, également révélé par Ronan Farrow.

Une agence de détective qui « planche » sur les dossiers au profit de Weinstein (#balancetonmouchard)

Le mogul aurait fait appel à une agence, à la fois pour faire chanter des journalistes en leur envoyant de fausses victimes, et pour faire pression sur les victimes en leur envoyant de faux journalistes. La réaction de Rose McGowan, fidèle à son image de rebelle borderline, me fait rire : « Il y a un mandat pour mon arrestation en Virginie ? Quel gros tas de merde. »

L'histoire serait moins amusante si cette organisation puissante n'avait pas déjà eu des implications politico-médiatiques. En 2015, la même agence avait, selon la presse américaine, orchestré une campagne de dénigrement du président Obama lors de son deal avec l'Iran en « montant » des dossiers contre deux de ses proches pour ensuite l'atteindre personnellement.

L'étrange Diana Philipp…

Les méthodes de faux mails, de personnes usurpant de fausses identités se retrouveront dans l'affaire Rose McGowan et sont la signature de l'agence qui piégera une kyrielle d'autres personnalités. Cette officine, selon Ronan Farrow, a été engagée pour constituer des fiches sur les victimes. Dans le détail, deux de ses agents, dont l'une se prétendant avocate des droits des femmes, auraient rencontré Rose McGowan, toujours selon le reporter, et recueilli tous les détails de son affaire pour les transmettre à Harvey Weinstein. Une certaine Diana Philipp aurait offert 60 000 dollars à l'actrice, par ailleurs productrice, pour investir dans sa compagnie. Se disant proche de la cause de la défense des femmes et de son combat contre la discrimination dans le monde du travail, elle l'a rencontrée dans un hôtel (lequel reviendra également comme lieu d'agression d'une autre victime présumée).

Elle aurait aussi contacté Ronan Farrow, qui, méfiant, décidera de ne pas répondre. En fait, Diana Philipp est un ancien officier de l'armée israélienne détachée un temps en Europe de l'Est.

Un journaliste freelance aurait également pris contact avec Rose McGowan mais aussi l'actrice et productrice Annabella Sciorra. En tout cas, une note d'une centaine de pages concernant l'actrice aurait abouti entre les mains de Weinstein.

Autre piégé, Ben Wallace, journaliste à New York, qui écrivait un article sur Weinstein, a reçu la visite de la même Diana Philipp, cette fois sous l'identité d'« Anna ». Il a rencontré à deux reprises cette femme à l'accent allemand mais dont le portable affichait un numéro anglais. Lors du second rendez-vous avec l'usurpatrice, alors qu'elle lui demandait de s'asseoir à côté de lui, Ben Wallace a pensé que leur conversation était peut-être enregistrée. « On aurait dit un *soap opera* », a-t-il déclaré.

Il aurait également reçu un appel du même « journaliste freelance » qui tenait à le rencontrer. Sa suspicion s'est accrue quand Weinstein, peu après la visite d'« Anna », lui a proposé de le rencontrer ainsi que son rédacteur en chef, Adam Moss, pour leur présenter un dossier « compromettant sur toutes ces femmes ainsi que sur lui ». Couvert par sa hiérarchie, Ben Wallace publiera l'article sur le producteur, et l'entrevue avec les équipes de Weinstein sera immédiatement refusée.

Inutile de préciser que le procès de Harvey Weinstein s'annonce long et compliqué, au vu de la somme de documents contradictoires engrangée par son « armée d'espions ».

Mais le cas Rose McGowan, s'il est avéré, est un parfait exemple des rapports entre puissants et non-puissants. Actrice hollywoodienne, avec un pécule financier, une belle maison à Los Angeles, elle est entourée d'une équipe solide. Que se passe-t-il si ce type de manipulation, même moins poussée, touche une victime désargentée, sans ressources et sans défense ? Cette perspective aide à comprendre pourquoi celles qui portent plainte sont peu nombreuses, et pourquoi certaines d'entre elles préfèrent trouver dans les réseaux sociaux un exutoire opportun, salvateur et libérateur... À différentes échelles, les procédés sont les mêmes : décrédibilisation, remise en cause de la parole, enquête sur la vie privée, les mœurs. Le moindre détail sur les victimes est bon à prendre pour un prédateur attaqué en justice. À elle de prouver le contraire ! C'est un peu le système de la charge de la preuve renversée qui attend les victimes !

Nous sommes une trentaine à avoir eu les honneurs de *Time Magazine*, à avoir été reconnues personnalité de l'année. Un point commun ? Nous les #MeToo girls de la première heure, nous n'espérons pas obtenir un prix pour nos bonnes manières. Nadine de Rothschild doit se retourner dans son lit le soir : nous sommes non consensuelles.

Parfois, Rose McGowan craque. Elle apparaît plutôt incohérente sur des vidéos instagram, lunettes de soleil sur le nez, chantant, cigarette à la main, dans des endroits sombres. Rose McGowan est *cash*. Pour une Américaine. Du coup, la moindre trace de ses déviances est surveillée par ses adversaires pour la moquer et mettre sa parole en doute. Forcément, elle est étrange, dans des états bizarres, donc elle a menti !

Asia Argento

De son côté, Asia Argento a aussi une forte personnalité. Cette femme aux traits fins, aux allures d'éternelle adolescente, est la fille du réalisateur Dario Argento. Celui-ci s'est distingué dans des films dits d'épouvante de série B, aux univers étranges, voire parfois glauques, dans lesquels il a fait jouer sa fille. Il est populaire en France, notamment pour sa version grandiloquente du *Fantôme de l'opéra*, dont une scène plutôt *hot* me laisse un souvenir impérissable : le Quasimodo local y entretient des rapports sexuels avec les rats, ses seuls amis…

Asia Argento, habituée aux provocations depuis son plus jeune âge, ne s'en laisse pas conter, et sa franchise lui vaudra à elle aussi la vindicte populaire en Italie, son pays d'origine. Elle est l'une des premières à lever le voile en accusant Weinstein de viol (ce qu'il conteste), et à reconnaître avoir été sous son emprise ensuite, dans une relation consentie. Selon une étude de *USA Today* en collaboration avec The Creative Coalition, et Women in Film and Television, 21 % de femmes qui ont eu à subir des agressions ou du harcèlement sexuel ont connu au moins une fois une relation sexuelle forcée.

Elle explique qu'elle se sentait prise au piège de la puissance de l'homme d'affaires. Cette particularité – qui sera largement partagée ensuite par d'autres victimes dans de nombreux témoignages que je recevrai – lui vaudra haine et mépris en Italie.

Depuis des mois, dès que l'occasion se présente, j'envoie un tweet privé à Asia. Nous nous racontons un peu nos vies de mamans, notre perception de nos pays d'origine, et surtout comment nous percevons les attaques contre le mouvement. Quand Catherine Breillat a accusé Asia Argento de se livrer à une « semi-prostitution » (sur Murmur Radio), mon sang n'a fait qu'un tour. Cette actrice me touche car telle est la première à oser parler de viol tout en admettant une relation consentie après cet abus. Elle met le doigt sur une réalité : celle de l'abus de pouvoir, qui pousse certaines femmes comme elle à se placer sous la coupe d'un homme puissant, en imaginant qu'elles n'ont pas d'autre solution. Certes, il s'agit d'une relation consentie, avec un dominant et une dominée, mais en aucun cas d'une relation de couple, il n'y a pas de réciprocité.

Quand je la contacte, Asia se dit tourmentée mais « va mieux ». Cette affaire, dit-elle, « a fait ressortir ses démons ». Des souvenirs enfouis qu'elle a du mal à réveiller. À chaque nouvelle interview, c'est comme si le viol recommençait, m'explique-t-elle. J'ai conscience que l'interroger à nouveau pourrait encore la fragiliser et j'en suis peinée. J'essaie de trouver les mots pour la réconforter. Je la sens malheureuse et je me sens coupable de l'exhorter à continuer de se battre, j'ai l'impression de manquer d'empathie, et de lui renvoyer une image déshumanisée. Pourtant, je comprends ce qu'elle a vécu, ce qu'elle vit encore, un cauchemar : elle m'indique avoir reçu des menaces terribles : « des balles parviennent chez moi ». Elle a peur de sortir de chez elle : « c'est à peine si j'arrive à aller chercher mes enfants à l'école ». Quand je lui demande pourquoi, dans ces conditions, elle ne déménage pas dans un autre pays, elle sourit : « Je sais, me dit-elle, mes amis aussi me disent que je suis folle de rester. »

D'autant que, dans son pays d'origine, Asia Argento a été violemment critiquée pour ne pas avoir parlé plus tôt. Le quotidien conservateur *Libero* a même titré : « D'abord elles balancent, ensuite elles viennent geindre et se repentent. » D'autres sont allés encore plus loin, comme le journaliste Mario Adinolfi qui a écrit sur Twitter qu'elle essayait de « justifier la prostitution de luxe ».

Des attaques immondes dont Asia décide qu'elles ne chambouleront pas sa vie ni celle de ses enfants. Un événement tragique va toutefois la fragiliser à nouveau : le suicide de son compagnon Anthony Bourdain, qui la déchire. Avant ce drame, dans l'interview qu'elle m'a accordée, elle m'a donné l'impression d'une battante, portée par ses nouvelles fonctions : « Cela donne plus de sens à ma vie. C'est une réelle ambition. Je suis ambitieuse comme activiste alors que je ne l'étais pas dans mon métier d'actrice. J'en parle. Mes enfants comprennent. Je travaille beaucoup. Je me sens bien comme ça. Je ne pourrai plus être dans un *movie set*, être concentrée. J'ai besoin de comprendre. Comme après un tsunami. Rencontrer toutes ces victimes. C'est le moment où je me souviendrai de ces traumatismes, c'est douloureux. » On la verra à différentes manifestations de femmes, au parlement de Bruxelles, aux côtés même de Rose McGowan.

Asia Argento a appris à se protéger. Elle donne très peu d'interviews, de peur de réouvrir à chaque fois ses blessures : « Je refuse les couvertures de magazines. Pour ma dignité. D'abord c'est dur de parler, de me répéter, comme au moment de ma rencontre avec Marlène Schiappa. Il faut ressasser sans arrêt mon histoire. En revanche, quand j'ai parlé devant le Parlement européen, j'ai parlé pour l'ensemble des femmes dans le monde. »

Asia Argento, une battante à Macholand

Asia sait se battre. Le fait qu'elle soit le fruit de plusieurs cultures résonne en moi. Elle s'exprime en italien, maîtrise le français et l'anglais, ce qui en fait une alliée compréhensible dans plusieurs pays. Dès qu'elle commence à nommer Weinstein, je la trouve courageuse. Comme les autres victimes présumées de

Harvey Weinstein, elle déclare qu'il a abusé d'elle dans une chambre d'hôtel où il lui aurait fait un cunnilingus forcé. Cet homme a usé de son pouvoir pour parvenir à ses fins. Le fait qu'elle ait eu une relation consentie avec ce producteur, tout en criant au viol, m'interpelle.

Je comprends qu'elle est finalement précurseur dans une zone de gris, ce moment où le désir sexuel et l'insistance de l'un prennent le pas sur le consentement de l'autre. Ce moment où la femme cède, sous la contrainte, physique ou morale. Avec #MeToo, des femmes reviennent sur des relations : elles les pensaient « consenties » à l'époque, après réflexion elles les jugent « forcées ». Elles racontent qu'elles étaient comme paralysées, sans volonté.

C'est un effet bien connu du viol, qui laisse la proie dans un état de sidération. Que l'homme exige une fellation ou force la femme à accepter un cunnilingus, le processus est le même. Honte, déni, enfouissement du souvenir au plus profond de soi, et un jour : « Boum ! ». L'explosion. Il a fallu des années à Asia Argento pour qu'elle admette ce pan traumatisant de sa vie. Elle racontera même que, lors de son premier rapport sexuel forcé, elle a simulé l'orgasme pour pouvoir se défaire plus rapidement de « son porc »…

« Honte à la victime et déshonneur sur la pute. »

Asia Argento compte un nombre inouï de détracteurs, qui tirent sur elle à boulet rouge : cela leur semble chose aisée, car elle assume publiquement ses mœurs bisexuées. Elle en a même fait un film en partie autobiographique : « Je suis vue comme la fille qui n'a pas de problèmes à être nue : alors ça veut dire des rôles de pute, de strip-teaseuse. C'est ma vie, mon destin. J'ai une sexualité très simple mais parce que j'en parle avec liberté, on me prend pour une maniaque sexuelle », explique-t-elle à *Libération* en juillet 2017. Asia Argento résume cette hostilité à #MeToo et à sa personne avec cette formule : « Honte à la victime et déshonneur sur la pute. »

Pour l'actrice, le contrecoup de #MeToo montre qu'il existe encore un fort sexisme et cette « misogynie est une maladie qu'il faut soigner ». Y compris chez des femmes plus machistes que certains hommes. Une victime peut paraître instable du fait des attaques subies, délurées, contradictoires : elle n'en est pas moins victime. La plus volage des femmes, la plus dévêtue, la plus partouzeuse n'en reste pas moins une victime, dès lors qu'elle n'a pas donné son accord.

Le consentement : cette ligne Maginot que les prédateurs ne connaissent pas

Asia Argento, en tout cas, a décidé de se battre sur son territoire et de mener une offensive contre les porcs italiens. Malgré ses failles, elle n'est pas une petite chose fragile. Elle passe la majorité de son temps à parler aux victimes « par mail, par téléphone » m'explique-t-elle encore. Et elle tente de faire changer la loi dans son pays, l'Italie. De là à ce que les mentalités changent et que la femme ne soit ni une maman, ni une putain, le chemin sera sans doute long, mais elle peut compter sur Laura Boldrini, une députée très combative en Italie, et une autre Italienne d'origine philippine, le mannequin Ambra Battilana Gutierrez, également victime présumée de Weinstein, qui a fourni un enregistrement vidéo au procureur de New York. Cyrus Vance l'a hélas déclaré trop léger pour constituer une preuve. Par la suite, une troisième victime fera des révélations prises au sérieux par Cyrus Vance.

Ambra, avec le soutien d'Asia, tente aussi de faire passer une loi en Italie pour imposer le principe d'une tierce personne lors des castings. Mais, fin octobre 2017, l'actrice – cible de menaces particulièrement violentes – s'interrogeait encore sur l'utilité de rester ou non dans son pays : « Je ne vois pas ce que je peux faire ici – je reviendrai quand les choses auront changé pour me battre aux côtés des autres femmes… Je n'ai pas eu le courage de parler jusqu'à présent parce que vous voyez ce qui arrive vingt ans après avoir été agressé ? » a-t-elle notamment déclaré. Malgré tout, elle aussi, en dépit, parfois, de la lassitude qui l'étreint, continue le combat.

D'autres actrices, comme Rosanna Arquette, que j'ai rencontrée avec Ronan Farrow, ont dénoncé Weinstein et portent un même poids sur leurs frêles épaules. Idem pour Annabella Sciorra, que j'ai également croisée, et de qui se dégage une grande force, et aussi la sensation qu'elle est capable de garder les distances qui lui permettent de se protéger d'attaques parfois très basses.

L'affaire Asia : grandeur et déchéance

En ce 19 août, dans la torpeur de l'été, l'annonce fait l'effet d'une bombe : Asia Argento aurait payé l'acteur Jimmy Bennett qui l'accuse d'agression sexuelle alors qu'il avait 17 ans et deux mois. Le contexte est particulièrement glauque puisque l'acteur a connu Asia Argento alors qu'elle le dirigeait dans un film. La France laisse tomber l'affaire Benalla du nom du controversé conseiller d'Emmanuel Macron pour s'intéresser à cette affaire de sexe impliquant l'une des principales instigatrices du mouvement #MeToo. Dès le début de #balancetonporc, Asia Argento reprenait le hashtag à maintes occasions en le traduisant même en anglais.

Pouvoir, sexe, argent. Il n'en fallait pas moins pour relancer le #MeToo *movement*, mais cette fois-ci en le décrédibilisant. « Il n'y a pas de modèle de victime » lâche Tarana Burke. Rose McGowan dit qu'elle a « le cœur brisé » mais que d'autres révélations pourront arriver alors qu'il faut être « gentil ». Effectivement, des textos d'Asia Argento seront révélés par un proche de Rose McGowan, mettant l'actrice italienne en porte-à-faux. Très vite, Rose McGowan prend ses distances, accablant même son ancienne « amie ». De mon côté, j'indique que, sans connaître le fond de l'histoire, je suis étonnée qu'Asia Argento se soit lancée dans la défense des victimes sexuelles si elle avait eu l'impression de faire quelque chose de répréhensible. Une photo des deux « amants » dans un lit torse nu circule deux jours plus tard. *A priori*, elle a été prise par le jeune comédien. Asia Argento nie des rapports sexuels. Il faut dire que si elle les avoue en Californie où ils se sont donné rendez-vous, elle risque un procès retentissant, voire une peine de prison, car l'âge légal y est de 18 ans.

Un fait est certain, le jeune Bennett a obtenu de l'argent de l'actrice *via* le compagnon d'Asia à l'époque : Anthony Bourdain. Sur 3,5 millions de dollars demandés, il aurait reçu 380 000 dollars, soit environ le triple de ce que Donald Trump donnera pour acheter le silence de ses anciennes maîtresses. Jimmy Bennett a commencé à réclamer des fonds un mois après que l'actrice eut dénoncé Weinstein. Il n'aurait pas supporté qu'elle se dise victime à son tour et justifie les sommes par la nécessité de se reconstruire psychologiquement.

En pleine instruction de l'affaire Weinstein, la décrédibilisation d'une des principales figures de proue du mouvement #MeToo tombe à propos pour la partie adverse. L'avocat du producteur n'hésitera pas à parler de l'« hypocrisie » d'Asia Argento.

Plusieurs questions se posent : qui a envoyé le dossier crypté au *New York Times* ? S'agit-il d'une histoire légère qui aurait mal tourné, d'un maître chanteur ou d'un acteur réellement abusé ?

Ma tribune dans *Le Monde* : ou l'impression de me mettre à nu

Début janvier, je comprends que je dois passer à la vitesse supérieure. Un contact avec un journaliste du *Monde* me fait prendre conscience que je dois donner ma version des faits de façon plus personnelle, plus intime. Pourquoi pas une tribune ? Mais si parler du lancement du hashtag est un jeu d'enfant, raconter l'intime me paralyse. Gaïdz Minassian, journaliste chevronné au service du quotidien, va m'aider, et ma prose sera relue par Frédéric Lemaître. Le premier est direct, brut, efficace, il m'impressionne un peu par son ton sec, quasi autoritaire, mais droit dans ses bottes. Le second, chargé de la validation finale, est largement plus empathique, chaleureux, rond dans sa formulation et encourageant. Les deux sont complémentaires et me font penser un peu aux méchant et gentil gendarmes pour recueillir les aveux des coupables. Sauf que je suis innocente. Face à cette équipe très organisée de professionnels, il me faut donc fouiller en moi pour extérioriser mes sentiments, me demander comment j'envisage l'avenir et décortiquer les effets d'une agression verbale sur mon organisme...

En quelques heures j'écris plus de 10 000 signes. Mais il me faudra plusieurs semaines pour réduire le texte à 6 000 signes. C'est ma première tribune. J'ai signé de nombreux éditos très courts, des interviews à la chaîne, des comptes rendus et des milliers d'articles. Parler de moi m'est difficile, voire insupportable. Je ne dois pas me venger ou donner l'impression que j'attaque une nouvelle fois mon agresseur. Je décide de dépersonnaliser le texte : évoquer les autres m'aidera à prendre la plume pour me raconter. J'épluche des comptes rendus de psychanalystes, de psychologues, je regarde du côté des sociologues. Évidemment, je lis d'autres tribunes dans *Le Monde*. Je comprends vite qu'elles font partie de la valeur ajoutée du journal et sont toutes en accès payant contrairement à la plupart des autres articles du quotidien.

En soutien aux aspects psychologiques, je décide de m'appuyer sur quelques chiffres : il me semble important, à chaque fois que j'évoque le #balancetonporc, de le mettre en perspective avec le #MeToo américain. Je me souviens alors qu'aux États Unis existent différents types d'agression, et qu'elles sont graduelles « *misconduct, assault, rape* » (mauvaise conduite, attaque, viol). Voilà, ce qu'en France on peine à définir. La typologie des agressions est un maillon manquant dans l'Hexagone.

Voici le texte intégral publié dans *Le Monde* du 30 décembre 2017.

« Une simple grivoiserie peut engendrer des traumatismes graves, Le hashtag #balancetonporc est né sur un coup de colère, un vendredi 13 octobre, sur fond d'affaire Weinstein, producteur américain accusé par une centaine de femmes de conduites sexuelles inappropriées. Il était temps de dénoncer l'ambiance malsaine du monde du cinéma, de la télévision et des médias. Au cours d'une conversation avec une amie journaliste qui me relatait son expérience, je lâchai sur Twitter : "#balancetonporc ! Toi aussi raconte en donnant le nom et les détails un harcèlement sexuel que tu as connu dans ton boulot. Je vous attends."

"Balance ton porc." Je trouvais cette expression vulgaire. Au départ, elle décrivait le producteur Harvey Weinstein, sous le coup d'accusations différentes, du comportement irrespectueux au viol. À Cannes, on l'appelait "le porc". Puis je me suis souvenue des paroles dégradantes que moi-même j'avais entendues. Au cours d'un festival qui se déroulait justement à Cannes, un directeur de chaîne m'assenait : "Tu as de gros seins. Tu es mon type de femme. Je vais te faire jouir toute la nuit." Cette phrase était choquante, pathétique et très présomptueuse. J'ai décidé de donner le nom de mon agresseur verbal sur mon réseau afin de montrer l'exemple. Il fallait d'urgence arrêter ce genre de comportement.

À ma grande surprise, mon témoignage, au départ réservé à mes contacts dans les médias, s'est propagé à la vitesse de l'éclair et a atteint toutes les strates de la population. Le dimanche soir, je recevais plus de 60 000 messages. En deux mois, sur le #balancetonporc, 715 000 messages ont été publiés, 5 823 articles de presse partagés, et #MeToo, lancé deux jours plus tard, a récolté plus de 4,5 millions de messages publics, selon la plateforme de veille Visibrain. 12 millions, selon Facebook qui intègre les messages privés.

Ne pas confondre dénonciation et délation

Ici, aux États-Unis, où je vis, nous faisons la différence entre les victimes et les assaillants. La typologie des agressions est sans cesse rappelée : *misconduct*, *assault*, *harassement*, *rape*. Comportement déplacé, agression, harcèlement, viol. Pourtant, quelles que soient la typologie et la gravité, les effets sont dommageables. Aux États-Unis, chaque jour, un animateur télé, un danseur, un homme politique disparaît de la scène à la suite d'accusations. Les sanctions tombent comme un couperet. Un voleur pris la main dans le sac est filmé, son visage circule en boucle sur les chaînes locales, il est arrêté. Fin de l'histoire.

Cette culture de l'affichage ne choque personne aux États-Unis. Il n'en est pas de même en France, où les gens confondent dénonciation et délation. Dans le premier cas, il s'agit d'informer. Dans le second, de salir. La nuance est simple. L'islamologue

Tariq Ramadan, en proie à des accusations de viol, le journaliste de la chaîne du Sénat Frédéric Haziza, soupçonné de comportements sexuels inappropriés répétés, attendent leur procès et sont présumés innocents. L'humoriste Tex vient d'être écarté d'une chaîne de télévision pour une blague de mauvais goût. La sentence paraît sévère. Comment peut-on mettre sur le même plan un prédateur sexuel présumé et un amateur de jeux de mots douteux ? Y a-t-il un niveau de gravité à ne pas dépasser ?

Oui, il existe une typologie de gravité et on ne peut jamais aller à l'encontre de la victime. Non, une blague douteuse ne visant personne n'est pas à mettre sur le même plan qu'une agression verbale ciblée, qu'un acte inconvenant ou un viol. Et la justice est là pour le rappeler. En revanche, du côté des victimes, des points communs existent : mémoire traumatique, déni, honte. Une agression, qu'elle soit verbale ou physique, reste une agression, quel que soit son niveau.

Honte, déni, volonté d'oubli

Afin de minimiser l'acte, l'entourage de mon bourreau a riposté sur Twitter en parlant de "blague lourdingue". Finalement, c'était moi et mon manque d'humour, le problème ! Une agression verbale est une agression psychologique, un manque de respect reste un manque de respect. Le "Tu as des gros seins. Tu es mon type de femme, je vais te faire jouir toute la nuit" a provoqué chez moi honte, déni, volonté d'oubli, faille spatio-temporelle : j'ai mis du temps à reconstituer le lieu et l'année où ces propos ont été tenus. Selon Anne-Laure Buffet, spécialiste des violences psychologiques, "la sidération est à l'origine d'un état de stress intense qui peut durer plusieurs heures, et va se manifester par cet état de sidération anxieuse. La verbalisation est souvent difficile, voire impossible. Elle pointe la honte ressentie."

Je l'ai donc expérimentée. Il m'a fallu des années pour verbaliser. Le jour où j'ai réussi, j'ai créé un tsunami. Personne ne peut juger de l'impact psychologique d'une agression. Je me suis sentie doublement rabaissée : d'abord au rang de femme-objet, ensuite dans mon intégrité professionnelle. Il ne faut pas sous-estimer le verbe : derrière une simple grivoiserie se cachent parfois des actes plus graves.

Les comportements inappropriés concernent tout le monde : hommes, femmes, gays, lesbiennes, transgenres

Aux États-Unis et au Canada, les bourreaux les plus lucides présentent des excuses publiques : du producteur Gilbert Rozon, du festival Juste pour rire, qui choisit Facebook, au sénateur Al Franken. Ces excuses sont essentielles dans le processus de pardon pour les victimes et constituent la moitié du chemin parcouru vers la reconstruction.

Pourtant, il est impératif que les hommes ne soient pas à leur tour victimes d'une guerre des sexes ou jetés en pâture à la vindicte populaire et lapidaire sans éléments probants. D'autant que les comportements inappropriés concernent tout le monde : hommes, femmes, gays, lesbiennes, transgenres. Nous devons grandir et nous élever les uns avec les autres. Pas nous diviser. Le magazine américain *Time* vient d'attribuer le titre de "Personne de l'année" aux "briseurs de silence", nous toutes et tous dans notre diversité, de toutes religions et couleurs, militante féministe comme Tarana Burke, femmes de ménage, actrices hollywoodiennes et même des hommes. Cette formidable reconnaissance marque le début d'une nouvelle ère : celle de la parole libérée et de l'écoute. Il s'agit d'en faire bon usage et de ne pas balancer pour balancer. »

12

Les détracteurs : culpabiliser les victimes #balanceleshasbeen

La tribune des 100 : où comment Catherine Deneuve et ses copines se moquent des victimes

Alors qu'aux États-Unis le mouvement s'amplifie, que les masques tombent au rythme quasiment d'un par jour, la France se déchire : d'un côté celle, majoritaire, qui soutient le mouvement #balancetonporc et les accusatrices ; et de l'autre celle, traumatisée par le régime de Vichy, qui crie à la délation, au loup et à mort !

Contrairement aux actrices hollywoodiennes qui ont décidé de faire front et sont soutenues dans leur combat par la grande majorité des observateurs, des actrices françaises se désolidarisent du mouvement dans une tribune du *Monde* du 9 janvier 2018. Celle-ci est publiée peu de temps après ma propre tribune le 30 décembre 2017 dans le même quotidien.

Rédigée par Sarah Chiche (écrivaine, psychologue clinicienne et psychanalyste), Catherine Millet (critique d'art, écrivaine), Catherine Robbe-Grillet (comédienne et écrivaine), Peggy Sastre (auteure, journaliste et traductrice), Abnousse Shalmani (écrivaine et journaliste), elle associe des noms célèbres, comme celui de la signataire Catherine Deneuve, à d'autres quasi inconnus du grand public.

La tribune des 100 est un véritable manifeste destiné à culpabiliser les victimes. L'aura internationale de l'actrice de *Peau d'Âne* ou du *Dernier Métro* lui donne une forte audience. Comment cette icône du cinéma français peut-elle renier ainsi ses semblables ? Comment peut-elle se désolidariser des actrices américaines qui ont eu le cran de *speak out*, comme on dit ici ? Du *New Yorker* au *New York Times*, les journaux américains qui font leurs choux gras des affaires liées au mouvement, et qui pour la plupart défendent les femmes agressées, ne comprennent pas ce parti pris. Catherine Deneuve ? s'étonnent-ils. La même qui a affiché son féminisme très tôt, qui en 1971 a signé le Manifeste des 343 salopes, un acte fort en faveur de l'avortement.

Déjà pas disposée à l'utiliser, je rejetterai le terme « féminisme », en réaction à cette prose nauséabonde puisque le mot peut être associé à ces signataires. Cette tribune pointe du doigt les victimes et les culpabilise : « Les accidents qui peuvent toucher le corps d'une femme n'atteignent pas nécessairement sa dignité et ne doivent pas, si durs soient-ils parfois, nécessairement faire d'elle une victime perpétuelle », y est-il écrit.

En oubliant qu'on peut être à la fois victime et forte, cette tribune caricature la femme sous les traits d'une pauvre chose fragile. Elle lui enlève la dignité, le droit aussi pour certaines à une plus grande fragilité. Pourtant, la plupart des victimes, justement, reprennent une activité normale, et puisent en elles-mêmes des ressources exceptionnelles pour oser parler. Ce texte foutraque est une véritable insulte à leur courage.

Comme l'indiquait pertinemment l'écrivaine Martine Storti, « elles se lèvent, elles prennent la parole, elles sont actives et c'est à ce moment-là qu'on leur reproche de n'être que des victimes alors que, au contraire, elles ne sont victimes que quand elles se taisent » (7 mars, colloque Égalité femmes-hommes, « Où en est-on ? » organisé par la Fédération Wallonie-Bruxelles).

Cette tribune, sorte de patchwork mal assemblé, donne l'impression d'être écrite à plusieurs mains, sans véritable fil directeur. C'est un ramassis de clichés usés. Par exemple, les 100 pensent que la femme « peut veiller à ce que son salaire soit égal à celui d'un homme, mais ne pas se sentir traumatisée à jamais par un frotteur dans le métro, même si cela est considéré comme un délit. Elle peut même l'envisager comme l'expression d'une grande misère sexuelle, voire comme un non-événement ». Il s'agirait donc de pardonner aux frotteurs qui n'ont pas une vie sexuelle satisfaisante !

Autre ineptie : « Surtout, nous sommes conscientes que la personne humaine n'est pas monolithe : une femme peut, dans la même journée, diriger une équipe professionnelle et jouir d'être l'objet sexuel d'un homme, sans être une "salope" ni une vile complice du patriarcat. » Soit. Mais quel rapport avec les victimes ?

Depuis le début de #balancetonporc et du mouvement #MeToo, Catherine Deneuve revient à la charge régulièrement. Interrogée par BFMTV le 19 octobre 2017, elle préfère ne pas « porter un jugement moral sur l'affaire » et se questionne sur l'intérêt d'une telle démarche considérant qu'il y a un « déferlement assez ignoble ».

« Est-ce que c'est intéressant d'en parler comme ça ? Est-ce que ça soulage ? Est-ce que ça apporte quelque chose ? Est-ce que ça va régler le problème d'une certaine façon ? Tout le monde est contre évidemment. Je ne vois pas ce que je peux apporter de nouveau et je n'ai pas envie d'ajouter ma parole à celle des autres. Surtout qu'il y a vraiment, je trouve, un déferlement qui est assez ignoble. »

Cette égérie des années 1980 a affirmé : « Tout le monde est contre évidemment. » Au contraire, le mouvement remet en question les fondements juridiques de la société, les comportements et même le système éducatif. Elle donne l'impression de protéger les prédateurs du milieu du cinéma. Alors que sa tribune dédramatise la situation des frotteurs du métro, je lui pose une question, par l'intermédiaire d'une interview à *Ouest France*. Je lui demande si elle a pris un métro depuis le tournage, en 1980, du mythique film *Le Dernier Métro*…

J'évite la brutalité et j'opte pour l'humour. Surtout que cette dernière aura la décence de s'excuser auprès des victimes quelques semaines plus tard. Pas vraiment le choix, je suppose, vu son image abîmée à l'international. Je tenterai de la joindre pour m'entretenir avec elle. Sans résultat. Alors que j'accède sans problème aux plus grandes stars américaines, je reçois une réponse très courtoise de son agente qui m'explique qu'elle est en tournage dans le sud de la France. Fin de l'histoire.

Le mécanisme bien huilé de culpabilisation de la victime

Culpabilisons-les. Entre les « Vous étiez habillés comment ? » et les « Vous l'avez un peu cherché, non ? », les manœuvres des prédateurs et de leurs complices sont infinies. Mais plus les #MeToo girls se font attaquer, plus le mouvement se renforce et se structure. À chaque querelle, notre contre-argumentation se construit et gagne en cohérence. Asia Argento n'est pas non plus du genre à se laisser faire : très vite, elle contre-attaque sur Twitter où elle est très suivie et dans la presse.

La tribune des 100 m'attriste profondément : je pense qu'en s'exprimant de plus en plus à titre individuel dans les médias, les signataires donnent au passage une image abominable de la France. Ici, à New York, mes amis américains, stupéfaits par le ton des signataires, me téléphonent ou m'écrivent sur Facebook ou Twitter. J'ai honte d'être française.

J'aime la France, et je défends sans arrêt les couleurs du drapeau tricolore. Pourtant, je ne veux pas me renier mais le cœur n'y est plus. Et je me fais même violence pour ne pas incendier « les Français » sur Twitter ou dans la presse.

Décidément, ces has been n'ont rien compris. Je ne saisis pas leur motivation sauf à vouloir à tout prix revenir sur le devant de la scène, faire du bruit, provoquer, pour redorer leur notoriété déclinante. Je compte même une ou deux consœurs. Il est hors de question que je leur fasse de la publicité en les attaquant ou en leur répondant. La fameuse phrase me revient : un bad buzz, c'est toujours un buzz. Parfois je déroge à cette règle et je craque. Lors d'une interview, je demanderai si Catherine Breillat défend la liberté d'importuner des hommes ou celle de partouzer.

Mettre en doute la parole

Par un hasard incroyable, Benjamin Brafman, l'avocat de Weinstein, est le même que celui de DSK. Le procureur Cyrus Vance instruit aussi les deux affaires. Un véritable copier-coller ! Il s'est passé, à quelques détails près, la même chose avec Nafissatou Diallo : puisqu'elle avait menti sur les conditions de son arrivée aux États-Unis, elle avait forcément menti concernant le viol qu'elle dénonçait en accusant Dominique Strauss-Kahn. Mettre en doute la parole de la victime est un processus machiavélique, une technique éprouvée : avec un peu de chance, montrer que la victime est faillible la rendra coupable.

Il est temps que la société ouvre les yeux sur la perversité de ce système. La victime devrait donc être pure, enveloppée d'un voile de sainteté, avoir une auréole autour de la tête, un casier judiciaire vierge et une vie irréprochable. N'est pas Jeanne d'Arc la pucelle qui veut. Souvent, dans le cas de pédophilie, d'inceste ou de viol, l'agression sexuelle ou même verbale peut conduire à des comportements et des attitudes apparemment inexplicables : sur-émotivité ou, au contraire, très grande froideur apparente, faille spatio-temporelle, fuite artificielle dans l'alcool ou les stupéfiants, ou agressivité inexpliquée, voire comportement aguicheur. À l'extrême, la victime peut elle-même se transformer en prédatrice. Ces symptômes sont bien connus des psychiatres spécialistes du choc post-traumatique chez les victimes d'agression sexuelle.

Le prédateur a-t-il des radars ? Sa victime est-elle choisie parce qu'une certaine fragilité psychologique émane d'elle ? Ou bien est-ce l'agression sexuelle qui la rend plus vulnérable ?

On m'expliquera le cas d'un prédateur connu qui a minutieusement établi des dossiers, des fiches détaillées concernant les habitudes et les failles de ses proies : il notait tout dans les moindres détails pour pouvoir se constituer un argumentaire en cas d'attaques devant les tribunaux. La perversion poussée à l'extrême.

Après des excuses dans *Le Monde*, mon prédateur m'assigne en justice

Comment définir le harcèlement ? Comment pousser les victimes à venir témoigner à un procès ? Comment apporter la preuve d'une parole, d'un acte déplacé, d'une agression ou d'un viol alors que dans la majorité des cas ces comportements ont lieu en privé, sans enregistrement vidéo, photo, ou sonore ? C'est le pot de terre contre le pot de fer et bien souvent il s'agit d'actes exercés par des hommes de pouvoir sur des subalternes, donc sur des personnes déjà hiérarchiquement dominées. On a rarement vu l'agression d'une femme Premier ministre par un membre de son cabinet, d'une patronne par son employé. La victime est toujours dans une position de fragilité qui entraîne parfois la soumission. Ces hommes ou ces femmes qui attaquent choisissent leurs proies. Comment protéger leur vie, leur carrière une fois qu'elles auront parlé ? De quels moyens disposent-elles contre les pressions exercées par leurs harceleurs en cas de judiciarisation de leur affaire ?

Je serai personnellement confrontée à toutes ces questions lorsque mon agresseur décidera de m'attaquer en justice : après avoir d'abord présenté ses excuses dans une tribune dans *Le Monde* le 30 décembre 2017 placée en face de la mienne, il me poursuit pour diffamation ! L'avantage, si avantage il y a, c'est qu'il m'aidera ainsi à comprendre pleinement ce que vivent les autres victimes… Jusqu'à présent, je n'avais fait que l'imaginer.

Encore une agression

En janvier, alors que je dois régler des affaires courantes en France, je reçois à mon bureau parisien l'appel d'un huissier qui m'indique qu'étant à Paris je peux récupérer un courrier de justice auprès de lui. Il est bien informé et les nouvelles vont vite. Mon agresseur a donc attendu trois jours avant le délai légal d'expiration de trois mois à compter de la date de l'action supposée en diffamation pour m'envoyer sa missive. Je donne rendez-vous à l'huissier près de Beaubourg, dans le café où je me suis installée pour rédiger un article. Je travaille à la new-yorkaise, dans les bistrots. J'aime cette ambiance animée, parfumée au grain d'arabica, j'aime écouter les conversations des consommateurs, le bruit des cuillères touillant le café, le va-et-vient des clients. J'écris mieux dans les atmosphères sonores, voire survoltées. L'huissier arrive en scooter, ne s'assoit pas malgré mon invitation, me tend la lourde enveloppe avec un air gêné, puis disparaît. Je suis à la fois sonnée et calme. Sonnée, car si je m'étais dans un premier temps préparée à l'offensive du « porc », je m'apprêtais cette fois à tourner la page, puisqu'il avait présenté ses excuses dans sa tribune du *Monde*. J'ai même tweeté à son intention : « faute avouée à moitié pardonnée ». Le fait qu'il avoue m'a totalement soulagée. Qu'il ose maintenant me poursuivre me renvoie à ma position de victime. Je pense à Charlie Rose, cet animateur américain qui, après avoir été accusé de harcèlement sexuel, a décidé de donner la parole aux hommes dans une série d'émissions : l'art subtil de retourner une situation à son avantage.

Au moment où l'huissier disparaît, une vague de colère monte en moi. Cette fois, oui, je suis bien dans la peau de la victime à 100 %, poursuites judiciaires incluses. Je décide que cette sale expérience devra être utile, et me permettre de mieux accompagner les autres femmes, voire les hommes qui se retrouveront dans la même situation.

En novembre 2017, alors que je couvre à New York le « Immigration Awards » organisé par la French American Fondation et destiné à remettre un prix au meilleur reportage sur l'immigration, j'interviewe Antoine Guélaud, directeur de la rédaction de TF1, cofondateur du prix. C'est la deuxième fois que je le croise. Il me reconnaît immédiatement et nous commençons à parler de l'affaire à bâtons rompus. Je lui indique que je n'ai pas pu réserver le nom #balancetonporc auprès de l'Institut national de la propriété industrielle (INPI), ni les URL, et encore moins la page Facebook déjà créée. Tout m'a échappé, j'étais trop occupée à répondre aux victimes, je n'ai pas pris le temps de déposer la marque que j'ai lancée. Antoine me propose de rencontrer son avocat.

L'avocat : un protecteur essentiel

Le lendemain de ma rencontre avec l'huissier, je prends contact avec maître Alexis Guedj. Celui-ci s'investit immédiatement et organise ma défense bien au-delà de mes espérances. Au départ engagé pour me défendre concernant la réservation des marques et URL, il me prévient que mon agresseur pourrait bien m'intenter un procès et qu'il faut absolument m'y préparer. Je l'écoute docilement et c'est ainsi que je commence mon enquête auprès des victimes. En remontant le fil de la date de publication de mon tweet, puis de celui de Facebook, je découvre sidérée que d'autres prétendues victimes ou témoins excédés m'ont écrit pour m'aider. Je ne m'attendais pas à un tel déferlement. Ces anciens ou nouveaux amis, ou contacts des réseaux sociaux me proposaient leur contribution. Je commence à faire appel à eux. Au moment où je reçois ma convocation à la 17e chambre du tribunal correctionnel, il me reste peu de jours pour tout préparer.

Alexis Guedj me met la pression. Et il a raison. En moins de dix jours, dont quatre en France, je dois réunir des témoignages des pièces et fissa ! Je passe mes journées à appeler, à tester la véracité des témoignages. Parfois cela se passe bien et ces contacts me proposent de témoigner directement. Mais parfois ils prennent peur. Des messages sont effacés, on m'explique que des carrières peuvent être compromises. Plusieurs victimes ne veulent pas s'engager directement mais me donnent spontanément d'autres noms. Problème : il faut réussir à trier ce qui découle de la vengeance personnelle ou professionnelle de ce qui est un témoignage objectif. Confronter les versions. Vérifier les dates, les faits. Je me retrouve avec une avalanche de témoignages croisés mais seuls quelques-uns sont exploitables. Les plus courageux(ses) accepteront de m'aider. D'autres m'enverront leur avocat pour que leur nom ne soit pas cité au procès. Ce sera au juge de décider.

C'est la situation classique à laquelle sont confrontées les victimes : peu de témoignages utiles. Sur cette base, la grande majorité d'entre elles perdent leur procès. La parole des uns contre celle des autres : des victimes ont peur des représailles, de perdre leur job. Dans mon cas, certaines personnes qui ont témoigné disparaissent tant que mon indélicat est à la tête de la chaîne, et réapparaissent après son départ, sans que je puisse prouver un lien de cause à effet. Heureusement, je suis ma propre patronne et j'organise mon planning à ma guise : j'ai donc la chance de pouvoir passer des heures à enquêter. Je pense à celles et ceux qui n'ont pas cette possibilité et doivent cumuler leur emploi avec ce travail minutieux qui demande quasiment une formation de psychologue, de juriste et un doigté particulier. Il faut prendre du temps pour rassurer les témoins éventuels : je suis très mauvaise à cet exercice. Avec moi, l'accouchement se fait plutôt au forceps : ça passe ou ça casse… Je perds plusieurs soutiens en cours de route. Les plus solides et les moins susceptibles restent à mes côtés, ainsi que ceux qui ne travaillent plus dans le journalisme… Moi, la *silence breaker*, je les admire de vouloir briser le silence à leur tour.

Alexis Guedj est totalement dédié à la cause. Nous sommes connectés vingt-quatre heures sur vingt-quatre. C'est lui qui m'a persuadée de créer l'association WeWorkSafe pour protéger les victimes d'agressions sexuelles sur leur lieu de travail. Nous nous écrivons plusieurs fois par jour, je lui envoie des articles sur #balance ton porc. Il m'adresse les dernières avancées juridiques et les actualités françaises. Nous sommes complémentaires.

13

La loi du bâillon

Le processus du bâillon est souvent employé sur les victimes d'agressions verbale, sexuelle, de viols : pressions sur l'entourage, décrédibilisation de la victime, puis attaque en justice, pour obtenir le silence.

Pour Élodie Tuaillon-Hibon, avocate au barreau de Paris et spécialiste des violences faites aux femmes, l'assignation en diffamation de femmes dénonçant des cas de harcèlement ou d'agression est utilisée pour les « dissuader » : « Ce que je constate et ce que constatent toutes mes consœurs qui défendent des femmes victimes de violences sexistes, c'est que ces procédures sont utilisées pour faire peur, pour empêcher de parler. C'est une procédure bâillon[1]. » « Jusqu'à 2010 et la modification de la loi, les condamnations pour dénonciation calomnieuse étaient d'ailleurs quasi systématiques à l'encontre des femmes qui avaient déposé plainte pour des faits de harcèlement ou d'agression », analyse Catherine Le Magueresse, juriste et ancienne présidente de

1. *20 minutes*, 19 janvier, article d'Hélène Sergent.

l'Association européenne contre les violences faites aux femmes au travail.

À chaque avancée significative de la cause des femmes, dès que les œillères commencent à tomber, une voix dissonante s'élève et oppose le fameux : « Oui mais ». Et dans mon cas, le « oui mais » est arrivé très vite :

1/ Oui mais était-ce si grave ?

2/ Oui mais tout cela valait-il la vindicte sur la place publique ?

3/ Oui mais as-tu pensé à la famille de la personne que tu dénonces ?

4/ Oui mais n'est-ce pas un peu disproportionné ?

Voici mes réponses :

1/ Oui, c'était grave, on appelle ça une agression verbale : « accepter des insultes envers les femmes, c'est, de fait, autoriser les violences [1] ».

2/ Oui, ça le valait dès l'instant où j'avais tenté de régler ce différend en privé à plusieurs reprises. J'ai tenté à plusieurs reprises d'établir un contact. Il faut l'avouer, c'était un échec et le monsieur est resté arc-bouté sur ses positions. En cours de procédure, je ne rentrerai pas dans les détails. Attaquer pour diffamation, c'est faire taire, non ?

3/ Sa famille ? Son entourage ? Et lui, a-t-il pensé à ma famille quand il m'a agressée, à ma mère qui m'a donné des valeurs et qui a certainement autant souffert que ses « vieux parents » du manque de respect

1. Tribune dans *Le Journal du dimanche* du 10 janvier 2018, « Les porcs et leurs allié.e.s ont raison de s'inquiéter », cosignée par Caroline de Haas.

que ce monsieur a eu à mon encontre, à mes enfants, fille et garçon que j'élève seule dans un état d'esprit d'égalité, de dignité et dans le respect de l'autre, qui ont halluciné à la lecture des propos tenus ? Fallait-il que je taise ses propos, comme un secret d'alcôve, alors même que je n'étais pas consentante pour l'écouter m'assener ses propositions à caractère sexuel ?

4/ Que faire pour qu'il y ait plus de « proportions » ? Et dire « je vais te faire jouir toute la nuit. C'est nuancé peut être ? »

La cagnotte

Ce 12 janvier 2018, trois jours avant la date limite pour pouvoir m'attaquer en diffamation, Éric Brion décide donc de m'assigner au tribunal. Je reste sans réaction pendant quelques heures, un peu sonnée et fatiguée la soirée suivante, puis, le lendemain, je suis rechargée à bloc. Mais je n'ai pas de famille pour m'aider financièrement dans la procédure et il serait malvenu que ma société paie, même si elle est aussi attaquée conjointement. Éric Brion a eu la bonne idée de m'attaquer à titre personnel ainsi que mon entreprise, car le tweet litigieux provient de mon compte professionnel : pour lui, une attaque groupée double le jackpot. À le lire, il est victime, il aurait tout perdu à cause de moi : des contrats, des amis, des relations professionnelles. Cela est peut-être vrai, auquel cas c'est bien plutôt à cause de lui-même qu'il a tant perdu. S'il m'avait dit que j'ai de beaux yeux, de beaux cheveux et invitée au cinéma, je ne l'aurais certainement pas balancé. Viser mes seins, s'imaginer assez habile pour me faire jouir toute une nuit… Le garçon est présomptueux. Ses fonctions au sein d'une chaîne équestre lui ont fait croire qu'il était devenu un étalon.

De mon côté, les finances sont raides depuis quasiment dix-huit ans que je dirige *La Lettre de l'audiovisuel*. Il va être difficile de faire face. La société a été déficitaire pendant des années, nous atteignons un petit équilibre grâce à des économies de bouts de chandelle. En déménageant aux États-Unis, j'ai accru la visibilité du journal, sa notoriété, mais pas son chiffre d'affaires contrairement à mes prévisions. Éric Brion réclame 50 000 euros de frais de dédommagement, 10 000 euros de frais d'avocat, et 80 000 euros de publicité dans des publications. Son entourage me dira plus tard qu'il tient à « laver son honneur ». Mais quel honneur ? Celui de s'excuser puis finalement de me poursuivre en justice ?

Je l'ai toujours trouvé ambivalent. Un côté Dr Jekyll et M. Hyde. Propre sur lui, la mèche XVIe arrondissement, puis tout à coup le regard sombre et l'œil lubrique. Mais comme il le dit lui-même : « J'avais trop bu. »

J'oserais dire que je n'en étais pas non plus à ma première coupe ce soir-là. Je ne bois que du champagne, et de surcroît de façon plutôt modérée, ce qui limite les risques. J'ai de toute façon une expérience familiale suffisamment triste de ce fléau pour ne pas me laisser aller un jour à plonger dans l'alcoolisme et à perdre le contrôle. Mon père en est mort. Dans mon univers professionnel, je porte la double casquette de journaliste et patronne de presse. La prise de risque m'est interdite. Mais même avec une coupe de trop, je ne me souviens pas d'avoir eu un geste, une parole déplacée en dix-huit ans de métier.

« Tu es mon type de femme, tu as de gros seins. Je vais te faire jouir toute la nuit. » Inversons les rôles : « Tu es mon type d'homme. Tu as de belles couilles. Je vais te les vider toute la nuit. » Ce qu'on pardonne à un homme ne serait certainement pas pardonné à une femme ! Ce langage trivial est réservé à la gent masculine. Et pourtant, certains oseront me reprocher la vulgarité de #balancetonporc !

Il y aura procès. Comment le financer ? La chance est avec moi : en ce début d'année chaotique, je reçois sur mon mail un message du manager de la zone France de GoFundMe. Pierre Valentin est sensible à ma cause, il m'assure de son soutien et de celui de ses équipes. Je décide de l'appeler, le contact s'établit immédiatement – forcément il travaille pour une société américaine, nous partageons les mêmes codes. En très peu de temps, nous mettons une campagne en ligne. GoFundMe est un site de levée de fonds que je connais bien de ce côté-ci de l'Atlantique. Les sommes perçues sont souvent astronomiques. Elles servent à financer des études, à payer des frais médicaux (peu sont remboursés), mais aussi à aider des victimes après une catastrophe naturelle.

Danielle Mérian, l'ancienne avocate dont j'ai parlé plus tôt, et pour qui j'ai une grande admiration, l'utilise pour lutter contre l'excision. C'est un argument décisif. Le leitmotiv de cette plateforme : « Peu importe son ampleur, votre cause compte. » Dans les exemples : « La communauté de Détroit a récolté 2 155 $ pour aider un marchand de cacahuètes à redémarrer son stand », ou encore « Cette maman a récolté 1 629 $ pour envoyer sa fille au championnat national ». Le côté non voyeur de ce site me séduit.

Je dois en peu de temps écrire un communiqué de presse, tourner une vidéo, apprendre à me servir du site. J'appelle à l'aide Samuel, le fils d'une connaissance, qui m'aidera à m'organiser dans les moments les plus critiques. La campagne démarre en trombe, puis s'essouffle. Malgré sa traduction en anglais, c'est un semi-flop par rapport à nos attentes. Je me rends bien compte que je ne la relaie pas assez. Je n'ose pas inonder les réseaux sociaux. En journaliste pudique, en mère de famille orgueilleuse, ma fierté prédomine : je n'ai pas l'habitude de demander de l'argent ! Préparer et suivre une levée de fonds est un vrai métier : il ne faut point trop en faire, car on risque d'agacer d'éventuels donateurs. Mais n'en faire pas assez, c'est l'enterrer. Dans mon cas, il manque aussi cette notion d'urgence, qui boosterait les donateurs : la date de mon procès n'étant pas définie, rien pour le moment ne les presse. Toutefois, un de mes soutiens des premiers jours, qui souhaite rester anonyme, m'offre 10 000 euros. La cagnotte au mois d'avril s'élève à 14 756 euros.

Pierre Valentin me donne son point de vue qui me chamboule. C'est la gentillesse incarnée mêlée de professionnalisme : il m'a accompagnée durant ce projet, a vécu au rythme de la campagne, et est lui aussi déçu des résultats, surtout au vu du bruit que #balancetonporc a fait en France : « En lançant ce hashtag, m'explique-t-il, tu as, sans préméditation, lancé un mouvement de libération de la parole des femmes. Ce déferlement a forcément fait beaucoup de bruit, et parfois pris des formes violentes. Tout ce que tu as fait depuis lors a entraîné des clivages, les uns sont pour, les autres contre. Tout le monde a un avis quand Sandra Muller fait ou dit quelque chose. C'est pourquoi, lorsque tu as lancé ton GoFundMe pour payer tes frais de justice, les médias ont largement repris l'info. Mais malheureusement, les récupérateurs du #balancetonporc n'ont pas été au rendez-vous. Cent cinquante donateurs, c'est peu par rapport au nombre de tweets. Je pense que tu n'as pas eu le soutien que tu mérites. C'est le lot des *silence breakers*… »

Le *money slave* (#balancetonesclave)

Pendant cette difficile campagne de levée de fonds, un épisode me redonne le sourire. Je reçois par Facebook le message indigné d'une femme. Lola – appelons-la ainsi – me propose de faire « cracher son pigeon ». Je ne comprends pas bien et l'oriente vers le site de GoFundMe. Elle m'explique qu'elle a un *money slave* à sa disposition prêt à me payer sans contrepartie, et de préférence tous les mois. Elle soutient totalement mon combat et est outrée de la réaction de Brion.

Qu'est-ce qu'un *money slave*? Depuis quelques années, les sites et blogs de *money slavering* fleurissent sur la Toile. Créés par des « maîtresses en quête de nouveaux esclaves », ces sites sont destinés aux hommes qui aiment envoyer de l'argent à des femmes… sans la moindre contrepartie. Ces hommes sont appelés *money slaves*, ces femmes, des *money dominas*, explique le site Neotrouvetout (oui il a bien fallu que je me renseigne sur Google !). Je souris d'abord de cette proposition, mais je ne sais pas quoi répondre à Lola. La démarche me gêne et je suis méfiante, il pourrait s'agir d'une manœuvre malfaisante destinée à me discréditer. Après tout, je suis au cœur d'un procès médiatique. Je converse longuement avec Lola et lui demande plus de précisions. Elle m'explique que « son pigeon » va me contacter, qu'elle en a quelques-uns autour d'elle mais que celui-là est le plus entreprenant. Elle m'écrit à nouveau pour que je lui fasse une proposition financière en fonction de mes besoins. Elle veut « profiler » le bon donateur. Je ne connais pas le portefeuille de son « ami » et je lui suggère de le lui demander. Je ne me vois pas accepter des fonds dans ces conditions et encore moins « plumer un pigeon » ! Une semaine s'écoule puis un soir je reçois LE message : « Bonjour. Je suis le *money slave* ! »

J'ai beau expliquer à cet homme le bien-fondé de l'opération, sa démarche philanthropique et l'investissement à la cause à laquelle il devrait souscrire, une seule chose l'intéresse : le montant. Incapable de lui répondre, je lui suggère de reprendre contact avec sa *money domina* qui connaît peut être son potentiel ! Mon *money slave* s'en retourne dans les limbes du Net. Je ne le relancerai pas ! Mais il reste la source d'un gimmick avec mes enfants : quand j'ai des fins de mois difficiles nous lançons en chœur : « il faut recontacter le money slave ! ».

14

La solitude du coureur de fond

Du jour au lendemain, je passe du statut de journaliste quasi anonyme, qui entretient à New York son réseau de professionnels de télévision, production, radio et presse écrite, aux feux des projecteurs. Je deviens pêle-mêle une « sauveuse », une confidente, la personne à inviter sur les plateaux télé, la cible des antiféministes, des trolls, des haineux. Je dois composer avec ces nouveaux éléments sans y être préparée. À mes confrères, qui me demandent inlassablement si j'avais imaginé l'envergure que #balancetonporc prendrait, si j'ai organisé en amont ce buzz, je réponds non. Non et non. Je n'ai pas fait d'étude de marketing viral, je n'apprécie pas les bad buzz et les mauvais coups de publicité. Je les fuis ! Le jeu des petites phrases, balancées « innocemment » dans les médias pour faire du buzz, puis sorties de leur contexte me fatigue. Je vis à 6 000 kilomètres de l'Hexagone, seule ma vie américaine m'importe. Je dois m'intégrer dans une nouvelle culture, apprendre une nouvelle langue, gérer mes enfants et mon journal à distance. Pourtant, comme beaucoup de victimes, mon entourage se détricote, certains me fuient, et depuis quelque temps je ressens une certaine solitude. Mais je n'ai pas le choix. Je dois avancer. Comme je l'explique dans la première interview que je donne au *Parisien* (15 octobre 2017) : « Je l'ai fait pour toutes les victimes. »

Comment gérer la notoriété du mouvement

À travers ma voix résonnent celles de millions de femmes. Je ne peux me soustraire à cette responsabilité. Si je suis mise sur le devant de la scène médiatique, dans mon esprit ce n'est pas en tant que créatrice d'un mouvement, mais en tant que victime qui dénonce publiquement et brise l'omerta.

Des personnalités publiques, des confrères, des chanteurs, des acteurs évoquent le #balancetonporc. Mathieu Kassovitz, Aurore Bergé (que je rencontrerai au cours plus tard à New York), les Brigitte, Danielle Mérian sont de notre côté et tellement encore d'autres soutiens précieux… Je tiens ici à les remercier et leur dire que leur attention m'a permis de résister. Je parle des personnalités, certes, mais surtout des anonymes. Éric Zemmour, Lætitia Casta, Nathalie Péchalat font part de leur réprobation. J'assiste à cela avec une certaine distance. Cette attitude me permettra de rester solide, les pieds profondément ancrés dans la terre.

Dès le lendemain du lancement du mouvement, le 14 octobre, je réponds à pas moins de douze interviews par jour. Pendant trois mois, je garde un rythme intense. Je tiens un document Excel des interviews données. Au bout de deux cents interviews, je capitule. Je n'arrive plus à les recenser. À ce rythme, je souffre durant trois mois de migraines lancinantes.

Mais je me sens dans l'obligation de répondre à mes confrères : ils font le même métier que moi, et je connais trop la frustration de recevoir un refus de la part de celui ou de celle à qui on demande une interview. Il me semble aussi que mes réponses permettront d'éviter les incompréhensions ou les erreurs d'interprétation. Au fond de moi, je crains aussi les réactions négatives que pourraient m'envoyer ceux qui prendraient mal un refus ! J'opte pour la positive attitude. Il est essentiel que le message passe correctement. J'ai été formée à la Sorbonne, j'ai mémorisé la notion de « bruit sémantique » que l'on peut traduire vulgairement par « friture sur la ligne », quand le message passe mal entre l'émetteur et le récepteur… Ce qu'on appelle dans le jargon le schéma de Shannon et « humanisé » par Weaver était à la base destiné aux renseignements militaires. Il explique la notion de circulation de l'information…

Soigner la communication pour éviter la désinformation

Weaver va traduire la notion de brouillage par celle de bruit, la notion de signal par celle de message et la notion de codeur/décodeur par celle d'émetteur/récepteur. Pour moi, il est essentiel de garder la maîtrise de la communication sans bruit, sans friture. Il faut rester vigilant. La partie adverse peut se servir du moindre faux pas contre moi. D'ailleurs, elle ne s'en prive pas.

Malgré ma vigilance, certaines erreurs dans l'énoncé des faits s'incrustent. Certains journalistes écrivent qu'Éric Brion était mon supérieur hiérarchique. C'est faux, mais cette information sera difficile à rectifier dans la presse internationale. D'autres pensent qu'il est producteur ou affirment que j'ai eu affaire à mon harceleur au cours d'un cocktail privé – donc sous-entendu en dehors de tout contexte de travail. C'est d'ailleurs ce qu'il avancera lui-même, omettant de préciser que ledit cocktail se tient lors d'un festival professionnel organisé par une marque à Cannes et pas entre amis à une soirée privée. Je ne suis pas là pour boire des coups, mais bien pour entretenir mon réseau, trouver de futurs interviewés, obtenir des informations confidentielles. Dans un premier temps, je refuse de publier des rectificatifs ou d'appeler mes confrères afin de corriger leurs erreurs. Je suis la première à travailler dans le rush, je sais que l'imprécision est facile. Éric Brion est plus agressif que moi et réclame des droits de réponse, notamment un dans *Libération* inspiré d'un communiqué de presse qu'il avait envoyé à l'AFP qui refuse de le publier. Pratique ! Il va me falloir parfois rétablir la vérité au fur et à mesure des interviews. Je sais que les réseaux permettront de la diffuser à la place d'informations erronées. Je ne « convoque pas la presse », elle vient à moi, car chaque jour donne lieu à une nouvelle révélation, une nouvelle affaire pour laquelle les journalistes cherchent « un avis d'expert ».

J'aurai un seul regret : ne pas avoir parfois réagi. Comme ce jour où une présidente d'association pour la parité notamment en politique indique dans une interview avoir discuté « avec Sandra Muller et l'avoir fait changer d'avis ». Je n'ai jamais rencontré cette personne, ni conversé avec elle par téléphone. Et, en partie grâce au fait que je ne prends pas le temps de démentir, elle installe solidement son organisation dans les milieux parlementaires pour promouvoir la présence des femmes dans les institutions. Ce qui en soi est une bonne chose. Dommage qu'elle se serve de moi en mentant. J'ai écrit plusieurs fois à sa fille, vieux contact Facebook, laquelle était entrée en contact pour mieux me connaître, pour rétablir la vérité. Sans effet. J'aurais dû embrayer sur un #balancetamytho. De même, une photographe désaxée me pollue sur les réseaux, écrit à mes proches pour me dénigrer. Je m'en occuperai en temps voulu.

Comment gérer le stress en tant que victime et personnalité publique

Lire, me renseigner, garder mon sang-froid, prendre du recul sont mon leitmotiv. Mais aussi lutter contre les accusations complotistes, essayer de parfois prendre du champ, respirer, rêver, entrapercevoir mes enfants, regarder la vaisselle s'amonceler, courir. Je m'installe en mode Robocop pour répondre, tenter de ne rien oublier, être claire, concise. Je viens de la presse écrite, or à la télévision ou à la radio mes phrases doivent être plus courtes et plus imagées. Ça tombe bien, j'ai aussi fait trois ans de radio et des années d'intervention en tant que chroniqueuse sur différentes chaînes. J'ai étudié pendant vingt ans les rouages de la communication en travaillant à *La Lettre de l'audiovisuel*, assisté à des centaines de conférences de presse, à des colloques parlementaires, à des auditions, à des points presse de ministre, et depuis cinq ans je travaille avec le gouvernement américain. Mon anglais est précis, mais il ne me permet pas de m'exprimer avec style. Les Américains aiment ce drôle d'accent frenchy mais je ne me sens pas encore pleinement à l'aise dans la langue de Shakespeare. Au mieux, on me comprend comme la BBC qui m'a fait intervenir quatre fois. Au pire, comme sur la chaîne HBO pour un reportage sur le french #MeToo movement, ils sous-titrent. Je dois représenter les victimes du monde entier : l'erreur de vocabulaire n'est pas acceptable.

En répondant à ces interviews, je sens que mes confrères et surtout mes consœurs sont plutôt bienveillants. Ils comprennent que je ne suis pas une militante, encore moins une activiste, mais une des leurs et que je débute dans ce genre de combat. Certains sont très généreux avec moi : *Le Parisien*, par exemple, me nomme dans les Cinquante Parisiennes les plus influentes en décembre 2017, et écrit en substance : quand l'affaire Weinstein éclate, cette « grande gueule qui ne supporte pas l'injustice n'hésite pas à lancer un appel aux internautes victimes de harcèlement sexuel à dénoncer leur bourreau ». Cette reconnaissance de mes pairs est pour moi la plus importante.

Il y a eu peu d'erreurs de ma part lors de mes entretiens. Je me découvre une mémoire d'éléphant, surtout des chiffres. À chaque intervention sur un plateau de télévision ou en direct, je fonce. BFMTV m'a sollicitée quatre fois en quelques jours. La dernière fois avec mon ami basé à New York, le correspondant Cédric Faiche, j'étais au bout du rouleau.

Dans Paris, je saute dans des Uber pour me déplacer, Uberpool, qui revient moins cher. Les voitures deviennent ma salle de bains et mon salon de coiffure, car je n'ai pas le temps de me préparer. J'ai failli asphyxier plusieurs dizaines de conducteurs par les odeurs de vernis à ongles. À Paris, je suis également experte du maquillage dans le métro. Je n'ai jamais été la reine de l'organisation. Mais je suis épuisée, et je ne veux pas que cela se voie. À New York, quand Pascale, l'une de mes meilleures amies et de mes principaux soutiens, maquilleuse de Lauryn Hill, ne peut pas s'occuper de moi à 6 heures du matin, je me mets des couches d'anticerne et de fond de teint. À Paris, je me débrouille aussi. Mais je manque vraiment de sommeil, d'autant que je suis contrainte à de nombreux allers-retours New York/Paris. Les effets du *jet lag* s'accumulent. Lors d'une séance pour l'AFP où la photographe me mitraille, impossible de planquer mes poches sous les yeux ! Je passe mes nuits et mes jours à répondre aux victimes par téléphone, à éjecter les trolls, à lire les dernières informations envoyées par un réseau Internet de plus en plus dense. Je n'ai plus le temps de marcher, mon abonnement à la salle de sport trône comme un trophée du passé. Je m'abîme. Je gonfle. Le poids de ma charge mentale commence à descendre sur mes hanches. Je fume, mon souffle se raccourcit au même rythme que se creusent mes cernes. Peu importe, je ne veux pas m'appesantir là-dessus : je suis, me dis-je, en très bonne santé. Deux de mes amis proches se remettent d'un cancer, il manquerait plus que je chouine pour dix kilos en trop. Puis, lors d'un séjour en France, Gaëlle, mon amie depuis nos études en Sorbonne, m'alarme sur mon état. Mon fils me fait comprendre que je marche à deux à l'heure. Je souffre d'une migraine chronique à force de regarder nuit et jour mon portable. Et surtout, mes finances fondent comme neige au soleil car j'autofinance la plupart des voyages. Et évidemment, je ne demande rien. J'arrêterai au bout de six mois de voyager à mes frais et je refuserai tout voyage car les fins de mois difficiles que nous subissons mes enfants et moi deviennent catastrophiques. À force de penser au bien public, je nous oublie. Heureusement, côté moral, tout va bien. Je me dis aussi que mes petits problèmes sont minimes comparés à ce que subissent les victimes qui m'écrivent. Et puis je vis aux États-Unis. Ici les gens ne se plaignent pas. Donc je *keep going.*

15

Ma formation de journaliste en rempart

Me protéger des mauvaises ondes, ne pas entrer dans des conflits inutiles, ignorer les cons. Ma formation et mon expérience extrêmement compliquée à la tête de mon journal, où je cumule le stress des fins de mois difficiles et les attaques des lecteurs mécontents, m'aideront à surmonter les épreuves.

Fraîchement installée à New York, boulimique de travail, j'ai collaboré à différents titres de presse écrite, de *L'Express* où j'ai écrit des hors-séries, à *VSD* où j'étais chargé des comédiens de *stand up* se produisant aux États-Unis. Par ailleurs, je me suis initiée au reportage télévisé en interviewant des personnalités diverses aux États-Unis, mais aussi en plongeant au cœur de New York comme celui réalisé à Harlem à l'occasion de la présidentielle pour la chaîne anglaise Channel 4. Auparavant, j'ai collaboré à *Libération*, *Télérama*, dans une publication du *Monde*, de multiples casquettes qui m'ont permis de m'adapter et d'ouvrir mes perspectives.

En 2001, j'ai repris *La Lettre de l'audiovisuel*, un journal quotidien qui existe depuis 1977. C'était ça ou le chômage. Au départ conçu pour donner des informations médias au patron de chaînes de télévision, de radio, de sociétés de production, à un moment où les agences de presse classiques ne remplissaient pas cette fonction, *La Lettre de l'audiovisuel* a été conçue par un journaliste de *France Soir* et *Minute*. À cause de cette paternité, je porterai longtemps cette image d'extrême droite, moi la métèque ! Le fondateur a dirigé pendant plus d'une décennie ce journal qui, sous son emprise, est devenu une référence dans le milieu professionnel. *La Lettre de l'audiovisuel* est ballottée de propriétaires en propriétaires. Alors salariée dans ce titre, je demande à passer à temps plein. Le patron de l'époque, René-Charles Millet, accompagné de son bras droit, Frédérique Carton, me reçoit dans son bureau et me dit « Vous voulez un temps plein, je vous vends le journal et je vous aide sur tout : compte, gestion des abonnés. En bref, je vous nurse pendant neuf mois. Ce journal ne correspond plus à notre cœur de métier, je suis sûr que vous saurez vous en charger. » C'est ça ou le chômage et la galère des piges. J'ai deux jeunes enfants à nourrir, je réponds banco. D'abord en charge uniquement de la rédaction, je dois très vite assumer la casquette de gestionnaire. En peu de temps, je dois m'occuper d'une petite équipe externalisée de dix personnes, des comptes de la société, des relations avec les partenaires sociaux, fiscaux, etc. Mes études de journaliste et un double cursus de communication et d'administration économique et sociale m'ont permis de gérer.

La Lettre de l'audiovisuel : déjouer les pièges au quotidien

C'est en reprenant ce titre de presse que je me suis blindée contre toutes formes d'attaques. Alors qu'elle changeait de patron tous les quatre ans en moyenne, la société après sept ans est parvenue à un petit équilibre fragile. Il m'en a fallu du courage, des nuits blanches et des sueurs froides pour la conserver et l'amener à ce point. En dehors de mes compétences rédactionnelles, il m'a fallu me coller à la gestion, à la comptabilité, au marketing, au commercial (qui n'est toujours pas mon fort). Après avoir vécu ça, on est rodé à tout. Les menaces de procès pour diffamation, les droits de réponse, les « rectificatifs » ont émaillé le quotidien de la rédaction. Les hurlements des attachées de presse, des animateurs, de patrons de chaînes ou télé animent régulièrement la vie des rédacteurs. Je suis toujours en première ligne et je dois monter au créneau pour défendre mes équipes. J'y ai acquis une force inouïe.

Notre travail consiste à nous rendre régulièrement aux conférences de presse de chaînes de télévision, radios, festivals, marchés de l'audiovisuel puis d'en retranscrire des articles, interviews, comptes rendus qui seront lus par les professionnels. Inutile de dire que toute erreur ou imprécision est scrutée à la loupe et les réactions hostiles ne se font pas attendre. La difficulté d'un titre professionnel comme le nôtre, qui vit d'abonnements sans publicité – sauf en cas, une fois par an, de numéro papier, dont deux d'entre eux étaient d'ailleurs 100 % axés sur les femmes du métier (journaliste, animatrice, directrices, etc.) –, est de rester neutre et indépendant des contributions de nos abonnés.

La Lettre de l'audiovisuel est passée au crible par les professionnels car nous étudions les coulisses des médias parisiens. C'est un peu l'équivalent de *Variety* ou de *Hollywood-reporter* aux États-Unis qui scrute l'actualité de Hollywood… Les coups de fil à la rédaction sont parfois très chauds et il faut réagir vite aux menaces d'attaque en diffamation, souvent en moins de trois jours, délai légal pour publier un droit de réponse et éviter ainsi un procès. Les intimidations fusent. Il faut rester droit dans nos bottes, ne pas nous laisser impressionner. Nous faisons souvent figure d'Astérix encerclé par des Romains hostiles.

Cette gestion complexe du quotidien m'a servie pour #balancetonporc ; je remercie donc mes nombreux détracteurs ! Inutile de dire qu'Éric Zemmour, qui a demandé si la prochaine étape de #balancetonporc était #balancetonjuif, m'a révoltée. Forte de mon expérience tout terrain, j'ai opté pour la stratégie du silence et du dédain.

Les Assises du journalisme : un bain de jouvence

Je jubile à l'idée de parler à la fois de mon métier et des femmes dans le journalisme. Je serai à ma place. Les retrouvailles sont chaleureuses avec d'anciens confrères et consœurs, comme Catherine Mallaval, une ancienne collègue de *Libération* avec qui j'ai travaillé il y a vingt ans, ou Lauren Bastide de *Prenons la une* dont j'ai lu les écrits avec délectation. Je retrouve mes amis spécialistes des médias avec lesquels j'ai partagé de nombreux moments professionnels, Richard Sénéjoux de *Télérama*, Amaury de Rochegonde de *Stratégies*. Je découvre Florence Méreo et Louise Colcombet, journaliste judiciaire au *Parisien*. J'achète le livre d'Ariane Chemin du *Monde* mais aussi aux antipodes celui de Tristane Banon. Yolaine de La Bigne que j'écoutais avec ravissement m'offre son ouvrage. Je suis aux anges. Ils seront exposés comme des trophées sur les fenêtres de mon appartement de New York. Je ressens cette évidence : nous sommes une famille. Tous à égalité. Encore une fois, le terme confrérie n'est pas un vain mot. Vu les tensions actuelles, les menaces insensées que j'ai prises de plein fouet, ces saines rencontres me font un bien fou. Jérôme Bouvier, l'organisateur, croisé à maintes reprises dans ma carrière, m'accueille, comme à son habitude, avec chaleur et l'œil qui frise. Ultime récompense : Amaury, un ami journaliste de longue date, me présentera le petit-fils de mon idole, Danielle Mérian !

Je fais connaissance avec des étudiants des écoles de journalisme de la France entière, et je passe de belles heures avec mes pairs à déambuler dans le palais des Congrès de la métropole tourangelle. Nous allons nous asseoir sur un banc au soleil pour échanger des informations sensibles. Je m'offre une oasis de détente. Je me ressource. Parmi les miens.

16

Gérer les trolls et la haine

Il existe deux types de trolls. Le premier, organisé, certainement électronique, lancé par des professionnels. En anglais on les appelle les *bots*, les robots. Ils sont une armée invisible. Ils avancent masqués, en réseau. Ce sont les plus dangereux. La chroniqueuse Nadia Daam en a fait les frais. Cette journaliste d'Europe 1, dans un billet d'humeur, évoque le sabotage d'un numéro d'appel « anti-relous » mis à disposition des victimes de harcèlement de rue. L'attaque contre elle est lancée depuis le forum 18-25 sur Jeuxvideo.com, site spécialisé qui reçoit 200 000 messages quotidiens. Les conséquences sont dramatiques. Elle est la cible de menaces de mort et son adresse est révélée au grand jour : elle doit déménager de son appartement.

Le troll agit avec un profil déserté par son véritable auteur, et récupéré électroniquement. Dans certains cas, le troll est identifiable *via* une photo, une identité. Parfois, d'autres hackers appartiennent à un groupuscule de personnes faisant front pour, ou plutôt contre la même cause. La plupart du temps, ce groupe emprunte de faux noms et avance sans photo de profil.

C'est ce que certains appelaient au lancement de Twitter « les oiseaux anonymes », nom représentant le logo du réseau, puisque sans trace, sans photo. À cette époque, je me souviens d'avoir vu des personnes attaquées par un profil générique représenté par cette sorte de moineau balancer « je ne discute pas avec des oiseaux ». Au fur et à mesure, les oiseaux ont été remplacés par des faux profils.

Si leurs attaques ne sont pas forcément robotisées, elles sont tout aussi violentes. Henda Ayari, qui a dénoncé Tariq Ramadan, doit faire face à des réseaux organisés. À la lecture des tweets qu'elle reçoit, il en ressort que les siens sont personnalisés. Une autre présumée victime de Tariq Ramadan s'est fait agresser dans le hall de son immeuble suite à la diffusion de son adresse sur les réseaux sociaux. De son côté, Rokhaya Diallo, qui n'est victime d'aucune agression sexuelle mais cible inouïe des trolls, subit de plein fouet des attaques dues souvent à sa couleur et à sa religion. Dans un communiqué, celle-ci indique : « Twitter n'est pas une zone de non-droit et si j'accepte la contradiction dans le cadre du débat démocratique, j'entends saisir la justice dès lors qu'une personne mettra ma sécurité en péril », insiste-t-elle, ajoutant : « C'est aussi l'occasion de rappeler que les femmes sont les cibles privilégiées des agressions sur les réseaux sociaux. »

Elle poursuit qu'elle est quotidiennement exposée à des injures et des menaces sur les réseaux sociaux et qu'elle « avait déjà fait l'objet d'un appel au viol sur les réseaux sociaux et avait été une des premières figures publiques françaises à obtenir la condamnation d'un agresseur s'exprimant par ce biais par le tribunal correctionnel de Paris », indique-t-elle encore dans son communiqué de presse. Selon une étude d'Amnesty International qu'elle cite, 41 % des femmes ayant subi des violences ou du harcèlement en ligne ont déclaré qu'en une occasion au moins, elles se sont senties menacées physiquement.

« Internet peut être un espace effrayant et toxique pour les femmes. Chacun sait que la misogynie et les violences prolifèrent sur les plateformes de réseaux sociaux, mais ce sondage montre à quel point les conséquences des violences en ligne sont désastreuses pour les femmes qui en sont la cible », reprend Azmina Dhrodia, chercheuse sur la technologie et les droits humains à Amnesty International. « Les effets ne disparaissent pas lorsque vous vous déconnectez. Imaginez que vous receviez des menaces de mort ou de viol lorsque vous ouvrez une application, ou que vous viviez dans la peur que des photos privées ou à caractère sexuel soient partagées sur Internet sans votre consentement. Le danger particulier des abus en ligne est la rapidité avec laquelle ils peuvent se propager – un tweet violent ou injurieux peut se muer en un déluge de haine ciblée en quelques minutes. Il est temps que les entreprises de réseaux sociaux prennent ce problème au sérieux. »

Forte de ces constatations, l'organisation a commandé un sondage à Ipsos MORI au sujet des expériences vécues par des femmes âgées de 18 à 55 ans au Danemark, en Italie, en Nouvelle-Zélande, en Pologne, en Espagne, en Suède, au Royaume-Uni et aux États-Unis. Twitter a récemment annoncé prendre des mesures supplémentaires. Le réseau social reconnaît ainsi qu'il regroupe aussi bien des personnes aux comportements « amusants, bons et pleins d'humour » que des personnes « qui faussent et nuisent a la conversation ». Observatrice éclairée, Del Harvey, vice-présidente en charge de la confiance et la sécurité chez Twitter, a expliqué au *Monde* que c'est à cette seconde catégorie que la plateforme souhaite s'attaquer. Quoi qu'il en soit, la procédure pour lutter contre ces attaques est toujours la même et bien connue des cibles : signaler, bloquer, donner son adresse mail, attendre une réponse généralement très rapide de Twitter qui décide si le compte a enfreint les règles de la communauté. Dans ce cas-là, il sera bloqué mais le twittos aura la possibilité de revenir s'il se tient bien.

Dans mon cas, j'ai reçu tous les jours pendant quatre mois les messages suivants, à raison parfois de plusieurs fois par jour (je les relaie fautes d'orthographe incluses) : « Je te défonce ton anus avec ma grosse bite ! et une bonne sodomie à sec. Pour te faire regretter ta bétise de #balancetonporc. » ; « Tu dois etre lesbienne ou bis frustrée, qui veux créé de la haine entre hommes/femmes hétéro ! » ; « dis moi la créatrice de toi et ce que beaucoup d'hommes te harcéle ? vu ta tête je dirai NON » ; « Sale pute de merde tu as contribué à la guerre des sexes ! La guerre entre les hommes et les femmes ! »

J'ai de la chance : la formule « suce nègre » a assez vite disparu de la circulation…

Certaines personnalités ont craqué et se sont retirées de Twitter suite à ces messages de haine répétés, comme l'activiste Caroline de Haas, pourtant jamais à court d'arguments pour leur répondre. L'exercice est usant. Elle a abdiqué.

La récupération

Au fur et à mesure que la protestation s'intensifie, je reçois des appels et des mails me demandant mon avis ; des gens que je ne connais pas veulent être pris en selfie avec moi lors de mes déplacements, particulièrement lorsque je suis attablée en terrasse dans mon ancien quartier du XIIIe arrondissement de Paris, et à New York, lors des événements français. Je reçois des messages Twitter pour participer à des manifestations aux États-Unis, à Berkeley, en France, en Belgique. Je reçois des trophées et des prix dont je n'imaginais même pas l'existence. Souvent, vu la distance, je ne peux pas aller les chercher. Pourtant, comme à mon habitude, je dis oui à quasiment tout. Pour les victimes.

Le #balancetonporc est utilisé pour créer des associations de défense des femmes qui demandent des témoignages anonymes : c'est tout le contraire de ce que je prône. Des sites Internet aussi et surtout une page Facebook sont lancés, avec le même type de demande. Du coup, on me prête, à moi, créatrice du mouvement, un esprit de délation. Les cartes sont dangereusement brouillées. Mon avocat veut intervenir, mais je suis partagée : si le nom m'appartient, des centaines de personnes s'en servent, avec des intentions parfois louables. Que dois-je faire ? Laisser tous ceux qui le souhaitent s'en emparer au risque de le voir transfiguré, récupéré à des fins commerciales ? Ou bien au contraire en assurer la maternité, au risque de me faire traiter de manipulatrice ou même d'être accusée de « de vouloir me faire du fric dessus », comme me l'a écrit un opposant au mouvement ? Je choisis un entre-deux : reprendre en main le nom de domaine, contacter les détenteurs d'URL trop éloignés ou commercialement actifs.

Mais je n'ai pas le temps de réserver immédiatement le nom à l'INPI. Pendant que je suis au micro à défendre les victimes, des petits malins se précipitent pour s'emparer de la marque. De toute façon mon compte en banque est vide et, au moment de payer les 375 euros, coût de la démarche, ma carte ne passe pas. C'est une mauvaise période de l'année. Je suis orgueilleuse, je ne demande d'aide à personne. Louis Morin, animateur d'une émission radio sur laquelle j'intervenais régulièrement, me sermonnera gentiment pour ne pas l'avoir sollicité. D'autant qu'il était le premier à m'avoir alerté sur la nécessité de réserver la marque avant qu'elle soit utilisée à des fins commerciales. Effectivement, au moment où je peux enfin payer, le nom de domaine est déjà pris ! La personne qui a acheté le nom a sélectionné une longue liste de produits : vêtements, sacs et même des lubrifiants…

En poussant les recherches, je crois comprendre qu'elle collabore à une émission de M6. Je panique. J'imagine que la chaîne prépare une émission de téléréalité autour de #balancetonporc. La directrice des ressources humaines du groupe que j'appelle m'explique que cette personne ne fait pas partie des effectifs mais travaille parfois en indépendante. J'écris à l'indélicate. Je n'ai pas le temps de mettre les formes.

Elle répond très vite de manière méprisante et agressive, je passe le relais à maître Alexis Guedj : je n'ai pas besoin de ça en ce moment.

Après de multiples échanges, nous formons une opposition à la marque. Mais l'INPI nous fait une réponse assez étonnante : selon l'organisme, le nom est passé dans le domaine public. Nous faisons opposition à cette décision. Le 6 juin 2018, l'INPI refuse provisoirement l'enregistrement de la marque #balancetonporc. L'organisme invoque notamment que « par le ralliement massif et spontané de nombreuses personnes à ce slogan, ce signe, apposé sur des produits et services tels que ceux visés au dépôt, ne peut pas être perçu par les consommateurs comme identifiant leur origine économique mais comme une expression de liberté des paroles de victimes ». En clair, tout le monde peut donc vendre des lubrifiants #balancetonporc. L'affaire est loin d'être terminée et nous nous battons avec mon conseil jusqu'à obtenir gain de cause.

L'énergie du désespoir

On me manque de respect au travail ; je le dis entre quatre yeux au départ avant de balancer en public, et je dois 140 000 euros. Le monde à l'envers. Peu importe : le message libérateur que je porte toute seule me donne la force d'aller de l'avant. Je suis nourrie par ces messages de milliers de femmes et d'hommes qui crient leur désarroi. Je n'ai pas le droit de flancher, de les laisser choir, de les trahir. Je suis devenue à mon insu leur porte-drapeau et je brandis l'étendard de leur désespoir. Le fait que je réside aux États-Unis me permet de prendre régulièrement le recul nécessaire pour ne pas flancher. Ici, je suis entourée d'ondes positives, de sourires bienveillants, dans la rue, au café, dans mon immeuble. Je me suis construit un cocon qui me préserve de l'agressivité extérieure. J'ai un groupe restreint d'amis solides aux États-Unis et en France, des journalistes aussi pour la plupart comme mon fidèle David qui travaille pour i24, Gaëlle et Pascal, Sabina, une chargée de l'organisation du prix Pulitzer, Mark, un agent immobilier qui part en mission humanitaire, Mido, présent à mes côtés depuis mes premiers pas aux États-Unis, mon amie belge Pascale qui en a vu d'autres dans le milieu du spectacle où elle navigue, mon amie d'enfance Delphine. Évidemment ma mère, premier soutien. Des Français et des Américains qui me soutiennent sans sourciller. Ils sont peu nombreux. Ils sont mon moteur. Mon noyau dur.

Quant à mes enfants… Ce sont des enfants. Même grands, 20 et 17 ans, ils restent parfois naïfs. J'essaie de les protéger du raz de marée. Malgré tout, parfois, je sais que mon fils est fier d'en parler à l'école quand le sujet est abordé, bien qu'il continue à récriminer à la maison si le dîner est bâclé ou le ménage sommaire. Ma fille ne change pas son comportement d'un iota même si je sens qu'au fond d'elle elle m'admire. Quant à la petite amie de mon fils qui vit à la maison depuis deux ans, elle écarquille parfois les yeux et je parle avec elle plus facilement de ce combat et des répercussions sur notre vie.

Je les préserve, et heureusement nous ne vivons pas en France où l'on ne peut pas allumer une chaîne de télévision ou une radio sans que le #balancetonporc soit évoqué. J'apprends par Anne-Sophie, une amie journaliste, qu'un épisode de *Demain nous appartient*, diffusé sur TF1 le 9 mai, a évoqué le sujet, et par ma mère que *Plus belle la vie* sur France 3 aussi. Ces feuilletons, véritables reflets de la société française, ont intégré en un temps record la thématique du hashtag. De l'autre côté de l'Atlantique, c'est difficile à réaliser. Quand je vivais en France et que je constatais l'ignorance des expatriés sur certains pans de la culture française, film, musique, personnalité en vogue, je prenais ça pour du snobisme. Plus maintenant. C'est une simple question de distance.

Des extraterrestres aux associations de défense porcine : tous se sentent concernés (#balanceET)

Cette *success story* soudaine amène aussi son lot de loufoqueries et attire des personnes mues par un intérêt soudain pour moi, alors qu'elles avaient oublié mon existence. Un cousin dont je n'ai pas eu de nouvelles depuis six ans, alors que j'avais parcouru des kilomètres pour être présente pour le décès de son père, me demande en « ami » sur Facebook ; un ancien candidat à un poste à *La Lettre de l'audiovisuel* m'écrit en me transférant une réponse salée que je lui avais envoyée alors qu'il me demandait des conditions de salaire pour moi impossibles à accepter à l'époque, sur le ton du « Tu te souviens de moi ? »... Une ancienne amie me recontacte sur le ton de « je t'ai laissé des messages à *La Lettre de l'audiovisuel*, personne ne répondait, je tombais sur un répondeur, alors je t'écris sur LinkedIn »... Des quasi-inconnus en voyage à New York sollicitent des rendez-vous. Ma mère, omniprésente par téléphone, me *drive* : elle m'explique que, malgré tout, ces gens-là me soutiennent et que chaque voix positive compte. Une vraie politicienne ! Elle m'encourage à rester confiante et à ne pas m'emporter. Elle me connaît. Elle sait que j'explose et que j'envoie des messages définitifs aux indélicats excités par ma notoriété soudaine, sur le ton du « va te faire foutre ». Je suis parfois blessée mais surtout très vexée. Et, comme d'habitude, je réponds avec colère et ironie. Pour moi c'est clair : ça sera la période du #balancetonparasite.

Mon bureau est assailli de demandes diverses. Au début, les messages affluent par dizaines. Beaucoup de soutiens, des lettres très touchantes de victimes. Je constate une quasi-parité dans les genres : les hommes sont pratiquement aussi nombreux que les femmes à réagir. Comme cette lettre d'un professeur de sciences économiques qui me chamboule : « C'est pourquoi je tiens à vous dire que je suis de ceux et celles qui vous remercient d'avoir eu le courage de donner le nom de ce monsieur. Rien n'est pire que de subir... en pleurant, silencieusement le plus souvent. » Mais aussi : « Vous contribuez à briser LE problème, le problème du silence de celles (et ceux) qui savent et n'ont pas le courage de parler, de hurler. » « Oui vous avez provoqué un tsunami [...] rien ne se fait sans tsunami. » Des femmes victimes d'incestes, un haut fonctionnaire victime de harcèlement qui craint d'avoir un contrôle fiscal, une femme de la haute société maltraitée par son compagnon... Je ne peux tous les citer ou les consigner. Je compte sur des forces vives et l'association que je veux lancer pour y parvenir.

Les demandes d'interviews me parviennent par la brèche que j'ai ouverte : les réseaux sociaux. Elles arrivent par dizaines sur mon Twitter en message personnel, sur mon Facebook et aussi *via* l'adresse personnelle de mon bureau et par téléphone. Patiemment, ma collaboratrice me les réexpédie. Parallèlement, je reçois des missives étonnantes. C'est ainsi que des associations de défense des porcs m'envoient plusieurs courriers. J'y réponds en indiquant n'avoir rien contre et je poste une vidéo qui cartonne aux États-Unis : « My best friend Hank », ou les pérégrinations d'un mini-porc domestique dans une maison américaine. Hank prend son bain, Hank part en promenade avec sa laisse et sa famille, Hank déjeune (et en met partout), dîne et dort. Parmi eux, le polémiste végane Aymeric Caron : « Dommage d'avoir choisi un hashtag spéciste », écrit-il, lui qui aurait préféré les mots clés « #balancetonharceleur » ou « #balancetonweinstein ». Je lui réponds poliment que, moi aussi, je respecte et soutiens la cause animale. Mais il restera muet, préférant, j'imagine, alimenter son autopromo en cent quarante signes. Il fait apparemment partie de ce genre de personnages qui lancent des débats mais ne lisent pas les commentaires. Pourtant, les réponses des internautes à son encontre sont truculentes : « Si on enlève toutes les expressions spécistes ça va être chiant » ; « L'avantage c'est que je ne connais pas de cochon qui va défiler pour se plaindre de l'amalgame ou se placarder "not in my name" sur le groin ». Beaucoup s'offusquent qu'il retienne l'appellation « porcs » mais qu'il ne parle pas des victimes : « Ha non… Je vous apprécie beaucoup. Vous, votre combat. Mais là, juste respectons cette souffrance. Celle de la femme. Pas celle du porc. »

Au beau milieu de ces récriminations pro-spécistes, d'autres réactions ubuesques me parviennent. Je reçois ainsi un message de défense des extraterrestres de la part de ma collaboratrice qui me le titre « Le con du jour ». Toute mon équipe est sur les dents. Elle est en première ligne. Quand mes rédacteurs se déplacent en conférence de presse, souvent des chaînes de télévision, on ne leur parle plus de *La Lettre de l'audiovisuel* mais de #balancetonporc. C'est éprouvant. Ma collaboratrice, qui travaille beaucoup pourtant de chez elle, décide de cesser de basculer les appels sur son portable. Elle est à deux doigts de craquer et d'ailleurs le stress accumulé ces derniers mois la fera fuir de la rédaction. Des raisons personnelles lui feront aussi prendre cette décision liée au hashtag. Les dommages collatéraux sur mon environnement professionnel et personnel sont inévitables.

« *Person of the year* »

Au milieu de toutes ces demandes, j'en reçois une qui me paraît plus mystérieuse. Si la BBC, NBC, Vice Media ou le *New York Times* m'envoient des demandes d'entretien classiques et plutôt pressantes auxquelles je dois répondre la veille pour le lendemain, je reçois un message de l'équipe de *Time* pour une séance « photo » dans le cadre d'un dossier spécial. Ce sont les seuls à me proposer de me défrayer un voyage, où que je me trouve. Le *Time* a des bureaux dans différentes villes à Paris et à New York, mais cette demande est assez énigmatique. Et le fait qu'on requière la plus grande discrétion sur le projet me met immédiatement la puce à l'oreille.

Je cherche aussitôt la biographie des trois journalistes et je découvre que l'un d'entre eux travaille à Londres sur les dossiers des *Persons of the year*. Je les contacte. Finalement, pas de voyage à financer, par chance, leur studio photo est à New York. Je dois me munir de mes vêtements préférés, dans des couleurs vives si possible. Inutile de préciser que je n'ai pas fait le tour des magasins depuis le 13 octobre. Je prends à la hâte un choix de tenues colorées, pas repassées. Pas le temps.

Quand j'arrive dans le studio, une équipe d'une dizaine de personnes est déjà en place. Je m'assois. Un silence plane. Les gens me regardent bizarrement. Deux photographes berlinois tentent de me décontracter. Ils ont une méthode très particulière pour mettre en valeur mes yeux pour la photo : je dois suivre leur doigt du regard. Il se déplace lentement. J'ai l'impression d'être hypnotisée. C'est la première fois depuis fort longtemps que je prends du temps pour moi : je n'ai rien à faire, à part suivre un index des yeux ! La méthode des photographes pour capter le moment. Et puis soudain, devant la brusque agitation de l'équipe, je comprends que le cliché est dans la boîte. Au bout de plusieurs centaines de photos, ils me montrent celle qu'ils ont élue : « Regarde. C'est celle-là, tu ressembles à Mona Lisa. »

Je pense en avoir fini quand la chef de service, Susanna Schrobsdorff, qui m'a accueillie avec son assistante, m'assied devant la caméra : « Pas sûre que vous soyez sélectionnée mais on tourne quand même. Prête pour l'interview ? » Cette séquence figurera dans la vidéo dévoilant les Persons of the year : la photo fera partie du grand panorama avec tous nos visages, et les propos de l'interview illustreront l'article.

Dubitative lors de ma sélection, je fais des pronostics en imaginant que le prince d'Arabie saoudite est premier sur la liste… Figurent aussi Donald Trump et Emmanuel Macron. Mon ami David Benaym, journaliste à i24, le premier à s'être intéressé à #balancetonporc en en parlant à la télévision israélienne, est convaincu que le « MeToo *movement* » va être choisi. Ce sera un choix éditorial. Il a un instinct rare, mais je noie le poisson et lui affirme qu'il se trompe totalement. Il me croit. J'ai un peu honte de lui mentir, mais je dois respecter le secret que m'ont demandé mes confrères du *Time*. Je prépare un communiqué de presse au cas où, mon amie Martha du consulat de France à New York le traduit en anglais dans le plus grand secret. Ce 6 janvier 2018, j'apprends en direct sur NBC et en même temps que le public que nous sommes les personnalités de l'année. Tarana Burke, Alyssa Milano, Ashley Judd, Taylor Swift, mais aussi une femme de ménage, des membres du personnel hospitalier, des universitaires et moi.

Cela me semble irréel et je suis encore surprise de l'ampleur de ce que j'ai déclenché. Me retrouver l'égale de ces pointures américaines me paraît disproportionné. Je comprendrai plus tard que j'ai droit à cette récompense pour le temps que j'ai donné sans compter pour défendre les femmes, au détriment de ma vie privée, ainsi que pour mes investissements financiers pour pouvoir « porter la bonne parole ». Je ne suis pas une sainte, j'ai un caractère de chien, je suis colérique, anxieuse, mais j'ai finalement su gérer cette période avec calme et patience. Sincèrement. Être *person of the year* est ma récompense.

Héros du quotidien

Le 30 janvier 2018, éclipsée par l'actualité sordide des aveux de Jonathann Daval qui a tué sa femme, et traumatisé la France, se tient à l'Élysée une cérémonie devant 800 personnes : les vœux aux bureaux des assemblées, au Conseil de Paris, aux corps constitués, aux forces vives et aux héros de 2017. J'y suis conviée, pour y être moi aussi honorée. Un peu déboussolée, je crois d'abord à une erreur. La chargée des relations extérieures de l'Élysée étant partie à la retraite, je présume que le château a confondu avec les vœux à la presse auxquels j'ai toujours été conviée (sauf sous François Hollande). Je prends malgré tout à la va-vite un billet sur une compagnie portugaise pour 440 dollars, quinze heures de vol escale comprise. Une fois à la réception, je reste sceptique, jusqu'à ce que le député des Français à l'étranger, Roland Lescure, l'un des premiers officiels à me soutenir publiquement, m'attrape pour un selfie. Je rencontre mon ex-maire du XIIIe arrondissement, Serge Blisko, resté un ami, et le nouveau, Jérôme Coumet, avec qui j'étais aussi en lien. J'aime bien la vie de quartier. Jusqu'à ce que j'échange quelques mots avec le président de la République.

J'ai donc la bonne surprise de « compter » en tant que « journaliste » reconnue pour la genèse du mouvement #balancetonporc, parce que j'ai « libéré la parole des femmes », explique l'Élysée au journal *Le Monde*.

Je ne suis pas conviée à cette cérémonie comme reporter, mais j'ai très envie d'écrire un papier « de l'intérieur ». J'en demande l'autorisation à l'Élysée, qui me donne le feu vert, à condition de garder l'anonymat des personnalités récompensées – pour quelques-unes, parce qu'elles préfèrent conserver une certaine discrétion, pour d'autres pour raison de sécurité publique. Parmi les soixante-treize héros, on trouve pêle-mêle beaucoup de sportifs champions dans leur catégorie, dont un célèbre footballeur devenu entraîneur, des sapeurs-pompiers pris dans l'ouragan Irma ou dans les feux de forêt de l'Isère, des pilotes d'hélicoptère, des chercheurs du CNRS, des professeurs présents pendant l'attentat de Londres, un étudiant qui a sauvé un nourrisson et, plus insolite, un plombier qui a alerté les autorités en comprenant, au cours de l'une de ses interventions, qu'un attentat était en préparation. Des défenseurs de l'environnement sont également honorés. Ces héros ont été répartis en cinq catégories, explique l'Élysée : environnement, sport, social, sécurité, et enseignement supérieur-recherche.

Plutôt que d'égrainer les noms, Emmanuel Macron préfère l'exercice discursif : « Nous ne sommes pas une nation d'assis », déclare-t-il. « Aux plus grandes heures, des femmes et des hommes ont pris des risques qu'on dit parfois inconsidérés. Notre responsabilité, ne rien relâcher et transformer en profondeur les politiques publiques. » Après ces remarques d'ordre général, le chef de l'État détaille les mesures à venir concernant la cause nationale qu'il entend défendre : l'égalité hommes-femmes : « Une loi sera présentée contre les violences faites aux femmes. »

C'est lors de cette cérémonie, dans cette circonstance exceptionnelle, après avoir parcouru 6 000 kilomètres que je prends conscience que l'éloignement géographique m'a finalement rapprochée de mon pays.

La décompression impérative (#balanceteslarmes)

Ce sentiment de reconnaissance disparaîtra en juin, alors que je me verrai interdite d'entrée à une réception au consulat de France de Montréal, en marge du G7. Alors que j'ai parcouru des centaines de kilomètres, à mes frais, en bus de nuit, depuis New York, que je suis épuisée, avec la certitude de pouvoir entrer à la cérémonie pour accompagner un de mes amis sur place, je suis retoquée de la manière la plus humiliante par les services de sécurité et les équipes du consulat. Je surprendrai même un représentant de l'ambassade se moquant de moi, quand, au bout de quarante minutes d'attente, collée aux barrières de sécurité, je demanderai à voir un supérieur. À ce moment-là, je comprendrai qu'« héroïne » ou pas du quotidien, je suis *persona non grata*. Jusqu'à ce moment, je me suis souvent sentie « le cul entre deux chaises et deux pays », mais à cet instant, bloquée et refoulée, je me fais l'effet d'être une apatride. Toute la tension accumulée depuis sept mois que j'ai lancé #balancetonporc se relâche et je passerai mon après-midi à pleurer. Dans les toilettes d'un musée où je tente de me changer les idées, je pleure. Sur le port de Montréal, je sanglote. Dans l'appartement de mon ami en rentrant, je m'écroule. *A priori*, l'Élysée n'y est pour rien. C'est un problème d'organisation général. Le consulat de Montréal a juste été particulièrement retors ou dépassé, et moi à bout de forces. En un après-midi, je perds mon *self-control*, que j'avais conservé, stoïque jusque-là. Pleurer pour une cérémonie pour expatriés : il fallait vraiment que je sois à bout de nerfs pour craquer de la façon la plus stupide qui soit.

La pitié à l'international

Début 2018, Caroline Modarressy, brunette à la tête bien faite et journaliste à *Vice Media,* me contacte. Très vite le contact passe. Peu après la tribune des 100, elle veut comprendre pourquoi les victimes ne sont pas plus soutenues dans l'Hexagone. En six minutes, Caroline parvient à brosser le paysage très contrasté de la société française : son côté révolutionnaire, ses voix dissonantes, les actions gouvernementales. Suite à sa diffusion, je commence à recevoir des messages me manifestant de la sympathie. On me plaint. On s'offusque de voir à quel point la solidarité est défaillante. On est choqué du manque d'empathie, surtout de la part des femmes.

Ronan Farrow ne fait pas exception et je crois déceler dans son regard une expression qui ressemble presque à de la pitié. Ou plutôt à de la douleur. Il me félicite publiquement le même jour sur Instagram : « Tu as fait un bon travail. »

Je le rencontre pour la première fois lors d'une signature publique de son dernier livre sur la politique étrangère américaine. Ayant tenté de lui poser des questions en *live*, c'est mon habitude de journaliste française, je me rends compte brusquement que toutes les questions auxquelles il répond ont été rédigées sur des feuilles de papier que des hôtesses ont ramassées, et lui ont remises. Technique huilée à l'américaine. J'en avais trop de toute manière. Une fois la vague de questions-réponses passée, une fois les applaudissements de ses fans taris, je bondis en bas de l'estrade. Ronan Farrow s'agenouille pour se mettre à mon niveau et nous entamons une discussion à bâtons rompus. Je lui explique que j'ai lancé #balancetonporc en France, il se souvient que nous sommes en contact sur les réseaux sociaux.

Il embraie immédiatement sur la France en me disant « ma pauvre ! ». À sa moue et à son regard plein de commisération, je me rends compte de quelle image désastreuse souffre mon pays. Il enchaîne sur Asia Argento, encore plus à plaindre, en me demandant de bien la soutenir. Je lui réponds qu'évidemment nous sommes en contact. Pour lui, visiblement, elle et moi sommes dans le même panier : celui des incomprises.

Je rencontre Ronan Farrow une seconde fois, au déjeuner des prix Pulitzer. Il se rend gentiment disponible, je le filme en l'interviewant, puis son entourage vient me parler. Ses proches eux aussi sont intrigués par la position de la France. Sa mère, Mia Farrow, est plutôt réservée, mais je sens que Rosanna Arquette, l'actrice principale du *Grand Bleu* de Luc Besson, trimballe un lourd secret. Ronan Farrow ne s'entoure pas d'une cour, il a développé des liens de confiance avec son entourage proche, son noyau dur, essentiellement sa mère et ses copines actrices. Tout ce petit monde constitue une bande plutôt soudée et sympathique. Évidemment, les enquêtrices Megan Twohey et Jodi Kantor sont là aussi.

17

Et avant #MeToo ?

Crêpe Georgette, une blogueuse affûtée qui commente mes publications au début du mouvement, revient sur le traitement des médias avant le #MeToo. Lorsque Nafissatou Diallo a porté plainte pour viol contre Dominique Strauss-Kahn, des grands noms des médias ou de l'intelligentsia se sont fait le relais de différents mythes au sujet du viol, raconte-t-elle : la chaîne parlementaire de l'Assemblée nationale ouvre son micro à Michèle Sabban. Pour la vice-présidente socialiste du conseil général d'Île-de-France, il s'agissait d'un « complot international ». *Sud-Ouest* a présenté DSK comme « un homme qui aime les femmes sans modération ». Bernard-Henri Lévy parle d'un « séducteur », Jean Daniel dans *Le Nouvel Obs* évoquera un « lynchage » et parlera d'« hystérie ». Sur France Culture, Jean-François Kahn parlera d'« imprudence », de « troussage de domestique ».

De Tristane Banon, qui accusa DSK d'agression sexuelle, B-HL déclare dans *Le Point* : « Cette autre jeune femme, française celle-là, qui prétend avoir été victime d'une tentative de viol du même genre ; qui s'est tue pendant huit ans, mais qui sentant l'aubaine, ressort son vieux dossier et vient le vendre sur les plateaux télé. »

Dans le cas du viol de Samantha Gelmer par Roman Polanski, Alain Finkielkraut affirme dans *Le Monde* que la victime, à 13 ans, « n'était pas une fillette, une petite fille, une enfant au moment des faits ». Costa-Gavras avait lui aussi déclaré sur Europe 1 que l'adolescente a peut-être 13 ans « mais elle en fait 25 ».

Les enfants, des victimes pas comme les autres

Comment juger une affaire ancienne après la révolution #MeToo ? Comment une grille de lecture contemporaine peut-elle s'appliquer au passé ? Un entretien particulièrement violent concernant les enfants victimes va me faire prendre conscience du changement de mentalités dans notre société. Ce que l'on tolérait par le passé est aujourd'hui condamné, mais certains prédateurs sont englués dans les vestiges des temps anciens, et ne comprennent absolument pas que l'on puisse leur reprocher aujourd'hui certains actes, gestes ou paroles. Ils n'ont pas évolué avec leur époque et s'emmurent dans leurs convictions anachroniques.

J'ai connu une victime de pédophilie incestueuse au collège. Nous avions 14 ans. Beaucoup se moquaient d'elle. C'était celle dont on ne s'approchait pas trop, qui nous mettait mal à l'aise, qui était solitaire tout en étant parfois très collante. J'ai mis des années à comprendre qu'elle s'accrochait à nous parce qu'elle espérait notre aide. Dans ce collège de Seine-et-

Marne, en plein milieu des années 1980, on écoutait du hard rock, Metallica, ACDC, Scorpion avec la tenue qui allait avec. Sauf que Vanessa allait plus loin. Elle s'habillait, non pas en minijupe, mais en microjupe, bottes, toujours en noir, se maquillait outrageusement, sa bouche pulpeuse exagérément peinte en rouge. Elle aguichait, parlait d'une façon trop mielleuse. Elle paraissait beaucoup plus mature que nous et ce comportement extrême de « petite femme » nous dérangeait. Un jour, elle s'est approchée de moi et s'est confiée : le mercredi après-midi, à l'heure de la pause hebdomadaire des collégiens, son beau-père lui faisait regarder des films pornos. Je n'ai pas retenu le reste dans les détails, mais il était question de « tripotage », voire plus… Las, la mémoire devient sélective quand un souvenir se fait trop pesant. En me racontant cela, elle avait ce rire glaçant, mélange de gêne et de souffrance. J'étais jeune. Je n'ai pas alerté les autorités, les services sociaux. J'ai balayé la poussière sous le tapis.

Si c'était à refaire, à l'aune de l'éclairage des #MeToo et des #balancetonporc, j'enclencherais immédiatement toutes les procédures possibles pour l'aider. Je repense souvent à Vanessa. Des victimes d'agressions sexuelles peuvent adopter des postures provocantes. Elles sont choisies par leur prédateur pour leur fragilité psychologique qui au fur et à mesure des abus s'amplifie. Elles deviennent de plus en plus exubérantes ou au contraire mutiques, aguicheuses ou invisibles. Il est bien rare qu'une victime dégage une aura d'équilibre. Leur comportement victimaire, comme celui d'Henda Ayari, s'en trouve exacerbé. Ses nombreux tweets refuges, le fait qu'elle réclame de l'attention, l'alternance entre ses messages construits, matures, et ceux qui laissent s'exprimer un côté plus fragile s'expliquent. Elle devient sa propre victime.

Parfois, je reçois des clichés enjoués d'elle, avec son ami Jean-Claude Elfassi, paparazzi réputé, avec lequel j'ai construit une relation d'échange confraternelle, et parfois elle m'adresse des appels au secours. Elle alterne dureté et désarroi. Je fais ce que je peux et tente de la rassurer quand elle en a besoin. Henda Ayari, quoi qu'en disent ses adversaires et ses trolls, a été la première à prendre son courage à deux mains pour dénoncer publiquement. Ça n'est ni une star, ni une actrice, ni même une personnalité influente de la société civile. C'est une femme comme les autres, pourquoi en attendre un comportement de professionnelle de la communication ?

Rose McGowan, me dit son entourage, a changé depuis l'explosion de l'affaire #MeToo. Elle poste sur Instagram des vidéos incompréhensibles, mélange de chants et de discours étranges. Elle s'exprime parfois de manière lunaire. Elle rit, elle pleure. Terry Crews, l'un des acteurs récompensés par *Time Magazine*, pourrait passer pour un être paranoïaque, quand il affirme que l'ordinateur de son fils est sous surveillance depuis qu'il a indiqué s'être fait attraper par les parties génitales par un gros ponte du cinéma à une soirée hollywoodienne. Les théories de Ronan Farrow sur l'espionnage de ceux qui ont parlé montreront par la suite que l'acteur est peut-être au contraire très lucide. Encore une fois, et cela mérite d'être régulièrement souligné, ces « fantaisies » de comportement ne font pas moins de ces femmes et de ces hommes de véritables victimes. Il faudrait que la justice prenne cette dimension en compte au moment où les affaires se retrouveront dans les tribunaux. #MeToo et #balancetonporc auront amené la justice à mieux comprendre et donc à prendre en compte ce type d'agressions. Avant, elle fermait plus facilement les yeux.

18

Les effets de la parole libérée

Ce vendredi 27 avril, je découvre que Marlène Schiappa met en place un numéro de téléphone pour les victimes potentielles de harcèlement à Cannes. C'est malheureux mais, face aux prédateurs de la Croisette, l'initiative est bienvenue. Si j'en avais moi-même bénéficié, je n'aurais peut-être pas eu à twitter ce vendredi 13 octobre 2017.

La fin du « tout ce qui se passe à Cannes reste à Cannes »

Des colloques #MeToo fleurissent sur la Croisette. Alice Bah Kuhnke, ministre suédoise de la Culture, fera le déplacement aux côtés de son alter ego française Françoise Nyssen pour annoncer un vague #Talktoo, l'après #MeToo, contre le harcèlement et les attitudes sexistes dans le cinéma. Mais, dans le préprogramme prévu, je ne vois aucune Française. Énervée, j'appelle le ministère pour expliquer que le mouvement est né en France et qu'il est dommage de l'oublier. On me répond que l'organisation du colloque dépend de la

Suède et que les invitations ne sont pas toutes lancées. Les initiatives autour du #MeToo *movement* à Cannes, j'en ai bien peur, ne serviront qu'à calmer les esprits.

Dorénavant, il fait bon organiser des événements autour des #MeToo sans même inviter ses véritables acteurs ! Je remarque ainsi un colloque organisé par un Français à New York sur le thème du « The Woman Revolution » : ce spécialiste du bonheur et du bien-être a convié un membre de VaynerMedia – dirigé par feu Gary Vaynerchuk qui a dû s'excuser pour avoir lancé une invitation à une de ses fêtes cannoises à l'attention de « femmes attractives et des mannequins seulement ». Je crains que le mouvement #MeToo ne soit devenu une gigantesque foire qui servirait à faire du buzz, à être dans l'air du temps, à s'assurer une audience ou une visibilité sur le dos des victimes. Cela me fait mal.

Pourtant, si je jette un œil critique sur le Festival de Cannes 2018, le bilan n'est finalement pas si négatif et la nouvelle équipe a bien travaillé : Pierre Lescure, son président, a tenté de départir Cannes de son image sulfureuse.

Menées par la présidente du jury, l'Australienne Cate Blanchett, quatre-vingt-deux femmes du septième art ont monté les marches pour « l'égalité salariale ». En ouvrant le Festival, Cate Blanchett avait dit qu'elle « aimerait voir plus de femmes en compétition ». De même, le discours fracassant d'Asia Argento restera dans les mémoires : en montrant du doigt la salle du Palais, face au public cannois, elle affirme que l'impunité n'est plus de mise dans l'industrie du cinéma : « Vous savez qui vous êtes. Plus important encore, nous, nous savons qui vous êtes. »

J'en discute sur Twitter avec Pierre Lescure, que je connais de longue date, du temps où il était dirigeant de Canal +. Je le sens sincèrement engagé dans cette démarche. Il me dit : « Avec Thierry Frémaux, on n'a pas de certitudes, juste des convictions qu'on essaie de mettre au mieux en musique. »

Petite victoire. Catherine Deneuve dans une courte interview vidéo avec Michel Denisot infléchit ses critiques et lâche, plus ou moins convaincue : « Bien sûr qu'il faut faire quelque chose. » Même si, entêtée, elle poursuit sur les mouvements de visibilité des femmes pendant cette édition : « C'est un peu excessif. [...] Les hommes doivent avoir peur. » L'époque a changé : avant c'était les femmes qui avaient peur, madame Deneuve.

Le vrai visage du Festival de Cannes... avant #balancetonporc

Le Festival de Cannes ou les MIPTV, marché des films pour la télévision, drainent plusieurs catégories de professionnels : les journalistes des quotidiens, qui bien souvent doivent visionner un maximum de films en un minimum de temps afin de publier leurs critiques. Ils s'enferment en fin d'après midi dans leur chambre pour écrire leurs articles, et une fois leurs papiers remis à leur rédaction en chef, ces reporters doivent souvent repartir vers la vie nocturne. Ils doivent à la fois couvrir les projections, assister aux soirées pour entretenir leur réseau et glaner des informations auprès des représentants des chaînes, des distributeurs ou des producteurs. Les distributeurs ou acheteurs de films doivent à la fois tenir leur stand la journée, où ils signent des contrats, et cultiver leur relationnel le soir lors des cocktails à l'intérieur ou à l'extérieur du Palais des festivals.

D'autres, producteurs ou professionnels non accrédités, organisent aussi des rendez-vous en marge du Festival afin de rencontrer des professionnels des chaînes de télévision ou de l'industrie du cinéma.

Enfin, il y a les parasites nocturnes, les « m'as-tu-vu » qui écument les soirées mondaines. Des gens qui font du vent et friment. Bref, qui ne servent à rien. Parfois, les soirées arrosées où ils se rendent se terminent en orgie. Au *Parisien*, le cas Weinstein et ses « orgies sur les yachts étaient un secret de polichinelle ». Mais il n'est pas le seul. Les patrons de certaines chaînes thématiques n'ont rien à lui envier. La cocaïne et l'alcool coulent à flots.

Au cours de ces différents festivals, les professionnels en situation de position dominante profitent de leur statut pour demander des faveurs. C'est le cas de Harvey Weinstein à qui sa position a semble-t-il donné un sentiment de toute-puissance vis-à-vis des actrices, ou du « petit personnel ». À sa décharge, Weinstein croyait encore au « Tout ce qui se passe à Cannes reste à Cannes ». Mais ça, c'était avant.

L'un des problèmes de Harvey Weinstein est de ne pas avoir su distinguer les professionnelles des autres femmes, et d'avoir utilisé son pouvoir sur des proies fragiles, en quête d'un job à Hollywood ou, mieux encore, dans sa propre compagnie. L'abus de pouvoir est un système installé, voire irréversible. Se comportant en porc, des petits chefs se sentent pousser des ailes au moment de ces manifestations cannoises. Des patrons de chaînes, de l'industrie du film, d'instituts de médias ou assimilés profitent également de leur statut social pour mélanger les genres. Dans tous les cas, il s'agit d'abus de pouvoir puisqu'ils tentent de profiter de leur position dominante. Ce sont aussi des porcs. Même s'ils l'ignorent. Ils font des avances à de jeunes actrices en leur promettant un rôle, à des femmes en recherche d'emploi en leur faisant miroiter un poste dans une entreprise de production ou de distribution. Ils profitent de la misère économique, du chômage, de la naïveté. Les plus fragiles plongent.

Un simple numéro de téléphone mis en place par le secrétariat d'État chargé de l'égalité entre les femmes et les hommes ne suffira pas à changer en profondeur leur comportement, mais peut-être comprendront-ils que, dorénavant, ils pourraient bien être dénoncés plus facilement. Vive la dénonciation autorisée ! Une épée de Damoclès va désormais peser au-dessus de leur tête. C'est un début : selon un sondage réalisé sur 843 femmes de l'industrie cinématographique de Hollywood pour *USA Today*, 94 % d'entre elles ont eu des expériences de harcèlement sexuel ou de violences.

La France dans l'échiquier international

La France est prise en tenaille entre l'esprit progressiste du Nord et le machisme du Sud. Tiraillée entre son âme révolutionnaire et sa peur de l'échec, la France se cherche. Elle n'est cependant pas encore tombée au niveau de l'Italie où toutes les soixante heures une femme est tuée par un homme. Jusqu'en 1981, la justice italienne pouvait supprimer des accusations de viol si la victime acceptait d'épouser son violeur, ce qu'on appelait un « mariage réparateur ». Jusqu'en 1981 encore, un mari pouvait tuer sa femme en cas d'adultère et être « faiblement condamné », expliquait Asia Argento au Women in the World Summit le 12 avril 2018.

La loi est écrite par les hommes, pour les hommes. En France, on rappelle que mai 1968 n'a pas aidé uniquement à la libération de la sexualité. Ce grand mouvement a été aussi le fondement de la protection et de l'émancipation des femmes. Peu s'en souviennent mais une femme avant 1968 ne pouvait pas signer un chèque sans l'autorisation de son époux.

En Espagne, récemment, des violeurs ont été condamnés à neuf ans de prison, contre les vingt-deux réclamés par le parquet, provoquant une colère inédite de la population. Ils avaient attaqué en groupe, violé une jeune femme et filmé leur exploit. Au son de *Yo sí te creo* (« Moi, je te crois »), une manifestation spontanée à Madrid devant le ministère de la Justice a été organisée en soutien à la victime. Le gouvernement, sensible à cet émoi, envisage une réforme du Code pénal.

Europe du Nord, autres mœurs. L'égalité entre les femmes et les hommes a un train d'avance. Le congé paternité, l'égalité salariale sont ancrés dans la culture. Des amendes tombent, notamment en Islande, si une entreprise paie différemment les salariés en fonction de leur genre. Championne de l'égalité des sexes, la Suède reportera un prix Nobel à cause d'une affaire de harcèlement sexuel entachant les membres de l'académie du prix. Pourtant, les faits sont prescrits.

Les réactions des féministes françaises à New York

Un mois après le lancement de #balancetonporc, en novembre, j'ai l'opportunité d'assister à une réunion de féministes aux États-Unis. Cela me permet de prendre la température. Les services culturels de l'ambassade de New York ont été bien inspirés quand ils ont décidé d'organiser un cycle spécial sur le féminisme à la Libraire Albertine de New York, bien avant le lancement du hashtag. Sur fond de polémique Weinstein, avec la création du #balancetonporc, les intervenantes ne manquent pas de sujets d'actualité pour faire valoir leurs idées, elles se sont succédé du 5 au 9 novembre 2017.

Ma première altercation publique sur le sujet date de ce moment-là. Présente dans l'audience à côté de Rokhaya Diallo, une activiste que j'ai interviewée et dont l'image diffère entre la France et les États-Unis, j'assiste au speech filmé de Laure Adler, ex-directrice démissionnaire de France Culture, qui vitupère contre #balancetonporc en estimant que « tous les hommes ne sont pas des porcs ». Je saisis immédiatement le micro pour lui rappeler qu'une majorité des intervenants sur le #balancetonporc sont des soutiens masculins. Elle adoucit son propos, et parle des bénéfices de la prise de parole collective des femmes sur ce sujet. Le mot porc soulève chez elle des souvenirs douloureux, elle rappelle avoir été victime de harcèlement « pendant sept ans et demi » alors qu'elle était directrice à France Culture. Finalement, confie-t-elle devant un parterre de spectateurs : « Je n'ai pas porté plainte. Quand j'ai donné ma démission, j'ai subi un harcèlement et j'ai décidé alors de porter plainte. »

C'est donc Laure Adler qui pour la première fois me fait comprendre que le hashtag a une vertu cathartique. Cette femme d'expérience avait besoin de se délester de son fardeau. Quelques mois plus tard, elle deviendra d'ailleurs plus douce avec le mouvement. Communiquer sur #balancetonporc est donc absolument essentiel. Il faut sans cesse expliquer la démarche, revenir sur les bienfaits de la libération de la parole.

Aux États-Unis, la génération Z a intégré les valeurs du féminisme (#balancetonporcàBigApple)

Invitée prestigieuse de ce même colloque à New York, Elaine Welteroth, éditrice en chef de *Teen Vogue*, insiste sur les valeurs de la génération Z, terme qui désigne les enfants qui ont connu les années Obama : « La génération a grandi avec Obama. On ne peut pas le sous-estimer. Pour eux, la norme c'était un président noir. L'arrivée de Donald Trump est un grand contraste ! Mais on ne reviendra pas en arrière. L'égalité est une valeur déjà partagée. Cette génération a grandi avec le féminisme, Obama en président et Beyoncé sur scène : la définition du féminisme est déjà intégrée », insiste l'éditrice. Elle juge peu probable que l'on puisse faire machine arrière.

Nassira El Moaddem, directrice du Bondy Blog, ramène cette problématique à la France : « Les femmes sont visibles, on a aussi cette influence américaine. Mais nous avons nos propres activistes comme Rokhaya Diallo. Chez nous, Au Bondy Blog, on donne la possibilité aussi bien aux femmes qu'aux hommes d'être journalistes. »

Par le passé, Christiane Taubira a rappelé « que les hommes et les femmes naissent égaux en droits ». Elle est revenue sur le taux particulièrement bas des femmes qui se rendent dans des commissariats lors d'agression : « Moins de 10 % des femmes qui ont été violées portent plainte. » L'ancienne garde des Sceaux a aussi raconté comment son identité de femme noire a pu créer des problèmes lors d'interviews avec des journalistes : « Vous êtes la candidate pour les départements d'outre-mer ou la candidate pour les minorités ? » s'est elle amusée avec son ton sarcastique habituel. « Je ne suis pas capable de représenter tous les territoires, toute la population. Est-ce à cause de mon nez, de ma bouche ? Non mais à cause de ce à quoi je ressemble. J'ai décidé d'être plus forte et de parler au nom de tout le monde. »

L'effet cathartique du hashtag, vu par un homme, opposant au mouvement : Raphaël Enthoven

Ce philosophe est mon premier détracteur, avant de devenir, au fil du temps, un soutien en coulisses.

Dans son billet matinal, Raphaël Enthoven, la star des matinales d'Europe 1 à l'époque, déplore que l'utilisation de Twitter et le mode de dénonciation donnent lieu à une « parole qui juge sans procès », estimant que « le nettoyage de la porcherie court le risque de dégénérer en épuration ».

Il est l'un des premiers à attaquer frontalement le mouvement. Pourtant, nous allons réussir, à force de tweets privés, à nous entendre. Je ne le connaissais que par le biais de sa vie amoureuse passée, en tant qu'ex-compagnon d'une ex-première dame, et par son côté sulfureux. Raphaël Enthoven est l'un des penseurs de France les plus prolixes sur les réseaux sociaux, il entretient le buzz, les confrontations, réagit au quart de tour, et c'est au travers de sa production souvent contestée que je le découvre. *A priori*, il s'est renseigné sur mes intentions auprès d'une amie commune travaillant sur Europe 1 : Géraldine Woessner anime le vrai/faux sur Europe 1, elle a été l'une de mes très proches amies durant quatre ans à New York. Elle décide de lui expliquer que ma démarche n'est pas mue par une recherche de notoriété, et que, non, je ne suis pas une opportuniste.

J'adresse une réponse polie et raisonnée à Raphaël Enthoven. Puis nous commençons à échanger régulièrement. Il me semble qu'il adoucit ses positions. Je prends le temps d'argumenter, de défendre mon point de vue. Il fait un effort de compréhension. Dans le fond, je crois, nous sommes d'accord. Le 31 décembre, nous nous souhaitons à n'en plus finir nos meilleurs vœux sur Twitter. Le fait de parvenir à un échange serein nous a, je pense, rapprochés.

Je saisis l'occasion d'une invitation au Parlement belge de Wallonie pour le rencontrer et m'expliquer avec lui. Je dois m'exprimer au colloque « Égalité hommes-femmes, où en est-on ? » le 7 mars 2018. Alors que j'arrive au pupitre du Parlement, pensant participer à un débat d'idées, je me rends compte que chacun des intervenants a préparé une fiche d'introduction. Pas moi. Je commence à paniquer. Me voyant pianoter nerveusement sur mon téléphone afin de rechercher les quelques chiffres que je n'ai pas en tête, Raphaël a un geste généreux : « Écoute. Je fais comme toi. Je range mes notes et j'improvise. Je me mets à ton niveau. »

Sans nous connaître, alors que nous sommes censés avoir des points de vue diamétralement opposés, nous nous trouvons des points communs, sous le regard médusé des autres intervenants qui espéraient assister à une bataille sanglante. Tous les facteurs annonciateurs d'une belle bagarre étaient réunis : la majorité des intervenantes, y compris la modératrice, à l'annonce de la participation de Raphaël Enthoven avaient d'ailleurs décidé de boycotter les débats. Le Parlement a eu quelques heures à peine pour les remplacer. Ce débat entre Raphaël Enthoven et moi a bien failli ne pas avoir lieu.

À plusieurs reprises, je bondis sur ma chaise en entendant l'argumentation d'Anne Morelli, signataire de la tribune des 100. Je reste à la limite de la courtoisie et tente de gérer mon agressivité. Quand tout à coup, le philosophe lui-même, animé d'une colère sourde, commence à évoquer une agression dont il a été victime enfant. « On peut aussi en parler, vous voyez ! » lui rétorquai-je alors, intriguée. Je suis heureuse d'avoir indirectement contribué à ce qu'il puisse, lui aussi, se libérer d'un souvenir immonde. Hésitant à peine un quart de seconde, Raphaël Enthoven livre sans fard cette blessure d'enfance : « J'avais un sac d'écolier – on appelait ça les Tann's – et j'étais en CM2. Je rentrais chez moi en métro. Les Tann's sont des sacs munis d'ouverture un peu partout pour qu'on puisse faciliter l'accès pour les enfants. On peut quasiment mettre la main dans le sac par ces ouvertures. Dans mon sac, ce n'est pas par contre la main que mon agresseur a introduit. Quand j'ai mis la main dans mon sac, après avoir senti un type qui se frottait contre moi pendant que je ne bougeais pas, car j'étais pétrifié et paralysé... j'étais accroché à la barre du métro et il y avait du monde évidemment puisque cela ne se voyait pas... je sentais quelque chose, mais je ne pouvais pas bouger et quand je suis parti du métro, c'est en ouvrant le sac que j'ai trouvé à l'intérieur un truc que je ne connaissais pas, même quand j'ai mis les mains dedans : je n'ai compris que des années plus tard, si j'ose dire. Voilà ce qui s'est passé. Il est vrai que pendant des années, jusqu'il y a quelques mois d'ailleurs, je n'en n'ai jamais parlé. »

Lui, l'un des premiers contestataires du mouvement #balancetonporc vient de craquer et de livrer un épisode intime de sa vie à une centaine de parlementaires. Le même hashtag dont il conteste les bienfaits lui a servi à vider son sac Tann's. Pour la première fois. Oui, les hommes aussi ont leurs souvenirs immondes.

La différence entre dénonciation et délation

J'espère avoir réussi à bien faire comprendre à Raphaël Enthoven, et à tous les autres, qu'avec #balancetonporc je n'appelle pas à la délation mais à la dénonciation. Certes, le phénomène a pris très rapidement de l'ampleur, mais j'ai tout fait pour expliquer au mieux le pourquoi de ma démarche. Bien sûr qu'il faut porter plainte devant la justice ! J'ai d'ailleurs consigné dans mon fameux document secret toutes les dénonciations que j'ai reçues : des témoignages de hauts fonctionnaires, de ministres en poste, d'une actrice française – contre Harvey Weinstein, lequel n'a jamais été évoqué publiquement –, d'animateurs connus et même d'un maître de ballet américain. La majorité des personnes qui viennent à moi le font spontanément, et sans dissimuler leur identité. Elles me font confiance. Mais je comprends qu'il leur est difficile, voire impossible, de porter plainte en justice, parce qu'elles ont peur de perdre leur emploi, dans le cas du harcèlement au travail. Je respecte leur anonymat.

Internet se rebelle

Aujourd'hui encore, les commentaires sur Facebook me sont une source d'inspiration et je les relis très souvent : « Vous croyez que ça nous amuse de dire publiquement ce que nous avons subi ? Vous croyez que c'est drôle ? Les dénonciations calomnieuses sont très rares. Malheureusement elles existent mais, croyez-moi, elles sont très rares. Encore une fois notre parole est mise en doute », s'offusque Maryse. « Il ne s'agit pas de délation, c'est-à-dire autour d'un fait dont nous ne serions que spectateurs – mais bien de dénonciation de ce dont nous avons été victimes et de son auteur. Ce qui n'a rien à voir avec ce terme de "délation", vous êtes encore dans la culpabilisation de la femme victime de ces harcèlements sexuels. Alors stop ! ». Cette phrase d'Isabelle ne me quittera pas et je l'utiliserai pour défendre « la cause ».

Il suffit d'ouvrir un dictionnaire Larousse pour comprendre la différence entre dénonciation et délation. « Dénonciation : action de dénoncer quelqu'un, quelque chose, à la justice, à une autorité, etc. [...] document, information qui dénonce. (La loi oblige dans certains cas à se porter dénonciateur, sous peine de sanction.) » Délation, selon le même Larousse : acte « malfaisant, dénonciation intéressée, méprisable, inspirée par la vengeance, la jalousie ou la cupidité ».

Twitter permet à de nombreuses victimes de libérer leur parole : c'est une première étape. Quant à ceux qui dénoncent des victimes mythos, je leur rappelle que seule une toute petite minorité ment... Sur la Toile comme dans les commissariats, il y a beaucoup de victimes et très peu de mythomanes.

Dénonciations en série : tous les milieux sont concernés

Du milieu de la politique aux ouvrières de chez Ford, d'un maître de ballet à un responsable de parti politique, en France ou aux États-Unis, les dénonciations pleuvent... La différence entre les deux pays réside dans le traitement des informations, et la mise à l'écart des incriminés. Même si de part et d'autre de l'Atlantique la présomption d'innocence existe, aux États-Unis les accusés s'avouent fautifs et s'excusent puis s'écartent de la vie publique. En France, ils nient et comptent sur la procédure judiciaire pour gagner, sur les délais de prescription, la difficulté pour les victimes à réunir des preuves, la faiblesse de leurs moyens financiers pour s'offrir des avocats chevronnés. En France, on a définitivement un déficit d'états d'âme et de conscience.

Du côté du monde politique, les exemples ont été peu fournis : un ancien président du Mouvement des jeunes socialistes, deux ministres, un député très vite lavé de tout soupçon. J'ai eu assez rapidement connaissance du dossier de l'un des ministres : en novembre 2017, des accusations contre lui m'arrivent par courriel au bureau. Ce mail est émaillé de nombreuses coupures de presse sur le sujet. Je n'y prête pas vraiment attention car il est envoyé par le mari de la soi-disant victime, ce que je trouve bizarre. De toute manière, submergée comme je le suis, je ne balance pas le porc des autres. Mais on échangera avec les autres journalistes. Eux aussi ont reçu la missive.

Puis j'entends parler du deuxième ministre. Le fait que je sois en contact avec tous mes confrères me permet d'avoir des informations en avant-première. Je sais que les faits sont difficiles à prouver et seul un magazine, qui mettra la clé sous la porte quelques semaines après les « révélations », évoque un prétendu viol. Des voix s'élèveront très vite contre ce magazine qui a osé dévoiler l'identité de la victime contre son gré.

Si, en France, les prédateurs restent pour la plupart à leur poste, aux États-Unis ils sont écartés, se mettent en congé ou font leur *mea culpa*. La liste est longue. Kevin Spacey, Louis C.K., Morgan Freeman (que j'ai interviewé fin 2017 en le trouvant sarcastique, mais jamais déplacé), James Franco, Kasich Start, Dustin Hoffman, les animateurs Matt Lauer de la NBC, Charlie Rose, le sénateur Al Franken, etc. Tous les milieux sont éclaboussés.

C'est dans le milieu de la politique que ces affaires sont les plus truculentes. La victoire surprise de Doug Jones, sénateur de l'Alabama, a été rendue possible par la vindicte populaire à l'égard de Roy Moore, républicain soutenu par Trump, puis lâché aussi vite à l'annonce de sa défaite. Sans un scandale autour des abus sexuels, ce candidat l'aurait certainement emporté dans son fief. Pourtant, tout avait été prévu pour que le républicain puisse assurer sa victoire, manipulation de la presse comprise. Quelques jours avant les élections, un montage avec une fausse accusatrice, prétendument victime de viol, qui aurait accouché d'un enfant à l'âge de 15 ans, et dont le père serait Roy Moore, a été déjoué par les enquêteurs du *Washington Post*. La femme pensait pouvoir piéger les journalistes, leur faire imprimer un faux scoop, qui aurait immédiatement été démenti par l'intéressé, ce qui lui aurait permis de démonter toutes les autres accusations d'abus sexuels. Et de gagner les sénatoriales. C'était sans compter la vigilance des reporters du célèbre quotidien de Washington, qui, suspicieux, ont sorti une caméra pour filmer celle qui s'avérera être une menteuse professionnelle.

Comme dans l'affaire Weinstein, une agence de détectives spécialisée en peaux de banane était aux commandes. Les rumeurs prêtent à cette organisation des liens proches de la présidence actuelle. Ce que l'entourage de Trump dément formellement.

Quelques minutes après la victoire du démocrate, le président américain envoyait un message de soutien sans équivoque : « Félicitations à Doug Jones pour sa victoire acquise à force de lutte. Une victoire reste une victoire. » Son empressement à féliciter le candidat du camp adverse a beaucoup surpris à l'époque.

Les présidents seront-ils épargnés ?

Le #MeToo *movement* fera-t-il tomber un chef d'État ? Parmi les pointés du doigt qui font couler beaucoup d'encre aux États-Unis, le président. La presse démocrate fait des gorges chaudes de ces affaires qui se sont multipliées et qui ont été dévoilées, pour la plupart, durant la campagne. Si l'on compare les mails reprochés à Hillary Clinton aux accusations de harcèlement sexuel contre Donald Trump, on se rend compte que les fameux courriers de la candidate Clinton ont pesé plus lourd que la vingtaine d'accusations contre le milliardaire. Pour l'instant, il semble épargné mais l'étau se resserre. Donald Trump risque-t-il de devoir quitter le pouvoir suite à ces différentes accusations ? Peut-il être « empeaché », donc destitué, à la manière d'un Nixon ? Pourquoi n'est-il pas éclaboussé par ces affaires comme Bill Clinton avec l'affaire Lewinsky ?

Si les langues se délient, aux États-Unis comme en France, les puissants sont parfois intouchables. Surtout ceux, comme DSK et Weinstein, qui ont les moyens de se payer des avocats de renom tel Benjamin Brafman. Les équipes de Donald Trump sont solides. Il passe pour un personnage impulsif, parle en utilisant un langage sommaire, voire infantile, et cultive avec délectation son image de simplet pour ficeler et déficeler avec ses équipes une stratégie de Sioux. Donald Trump est, contrairement à ce que l'on croit, un stratège hors pair. La Russie a-telle joué dans son élection ? Facebook a-t-il fourni des données ? Beaucoup de doutes persistent. Y compris autour de ses présumées victimes qui pour l'instant n'ont pas réussi à peser dans la balance. Car l'homme est plus malin qu'il n'y paraît. Il encercle, il prévoit, il domine. Jusqu'au jour où ?

L'avantage d'être intelligent, c'est que l'on peut toujours faire l'imbécile, alors que l'inverse est impossible… Cette expression sied bien à son personnage. Il sabote délibérément les promesses qu'il tient rarement. Comment ne pas construire un mur au Mexique ? En demandant aux Mexicains de le construire. Comment, en cas de refus, ne pas le construire ? En demandant aux États-Unis de s'en occuper, à un prix exorbitant. Les déclarations d'intention sont là pour rassurer son électeur, mais le projet est irréalisable et il le sait. Comment faire taire une présumée victime ? En achetant son silence… Idem, donc, pour les affaires de mœurs. Des contrats seraient passés entre certaines de ses « victimes présumées » et des maisons d'édition qui s'arrogeraient l'exclusivité du récit… d'histoires qui ne seront jamais publiées.

Sauf que les victimes présumées décident brutalement de rompre ce contrat, ce qui n'est pas forcément au programme. Stormy Daniels, ex-strip-teaseuse, se livre à la télé américaine sur CBS, malgré une clause de confidentialité. Le 12 janvier 2018, le *Wall Street Journal* rapporte ceci : un mois avant l'élection présidentielle américaine de 2016, Stormy Daniels aurait conclu avec les avocats de Donald Trump un accord prévoyant qu'elle reçoive 130 000 dollars pour ne pas divulguer qu'en 2006 – soit un an après le mariage de Trump avec son épouse Melania – elle aurait eu avec ce dernier des relations sexuelles consenties.

Mais la défense de Donald Trump est au point. Très au point même. Stormy Daniels poursuivra son ex-avocat pour collusion avec Donald Trump. Comment se terminera ce scandale aux États-Unis, le pays qui a allumé la plus grosse vague de protestations antiharcèlement au monde ?

Conclusion

Les États-Unis, ce pays paradoxal et extrême où toutes les religions, nationalités se côtoient. Ce pays d'immigrants qui a du mal à gérer ses migrants. Là où les manifestations sont réduites à l'heure du déjeuner, entre midi et midi trente, quand les mouvements de protestation contaminent la planète. Pour une fois, ce n'est pas de ce côté de l'Atlantique que le premier hashtag a eu un retentissement sans précédent. #balancetonporc a commencé en France, et notre allié américain a rebondi. Ce pays où des grandes figures du féminisme, de l'égalité avancent main dans la main avec celles du monde entier.

À l'instar de Yuri Kochiyama, justicière sociale, fille de prisonniers japonais à Pearl Harbour qui a vécu sous la guerre dans un camp d'internement comme plus de 120 000 Américains d'origine japonaise, amie de Malcolm X. Cette défenseuse de l'égalité, militante du Yellow Power Movement pour l'intégration des Asiatiques aux États-Unis, a eu un jour cette phrase sublime qui marquera mon esprit : « Sors et dis la vérité partout où tu vas. »

Avec #balancetonporc, des millions de femmes et d'hommes ont transcendé les tabous, les interdits, ont parlé, partout, dans près d'une centaine de pays.

« Les conséquences de ce mouvement peuvent être énormes. À condition de soulever non pas un coin mais l'intégralité du voile, de tirer tous les fils pour repenser la question du rapport entre les sexes, s'attaquer à ce statut de domination masculine et anéantir l'idée d'un désir masculin irrépressible. C'est un gigantesque chantier », confiait la sociologue Françoise Héritier à Annick Cojean, du *Monde*, quelque temps avant son décès. Elle rendait un hommage appuyé à la parole libérée grâce à #balancetonporc et #MeToo. Contre toute attente, ce mouvement libérateur a permis aux femmes d'être célébrées. Elles en avaient besoin. En dehors de leur journée dédiée, le 8 mars.

En France, des étudiantes se sont aussi levées. Shanley, 18 ans, en terminale L, a lancé un appel national pour lutter conte le harcèlement sexuel dans les lycées. De grandes entreprises sont sanctionnées si elles ferment les yeux sur leurs mauvaises pratiques : une employée de La Poste a été indemnisée de 127 000 euros, reconnue comme victime à l'issue d'un jugement rendu le 17 mai 2018.

Des enquêtes fleurissent au sein même de nobles institutions comme l'Unesco qui fait l'objet d'une enquête, ouverte fin 2017. Les #MeToo, #balancetonporc pénètrent le milieu de la coiffure : Annabel Talon, ancienne salariée d'une chaîne de coiffure, aurait reçu 103 000 euros en échange de son silence sur les agissements de son célèbre patron. Elle décide, elle aussi, de tout raconter. « Je voulais que les gens sachent pourquoi j'étais réellement partie », confie-t-elle au *Monde*. Son témoignage fait froid dans le dos.

Aux États-Unis, les universités remettent en question leur système d'enquête interne lors d'une agression sexuelle dans leur campus. Avant les mouvements #MeToo et #balancetonporc, chose étonnante, les autorités policières étaient interdites d'entrée sur les campus. Tout se traitait en interne, *via* des conseils de discipline dont les membres étaient souvent en relation avec les professeurs. Des voix s'élèvent aujourd'hui pour remettre en cause ce système séculaire.

Chaque jour, au moins une personne est contrainte de quitter son poste, accusée d'attouchements ou de propositions déplacées. Ce décompte concerne toutes les strates de la population, toutes les couleurs, tous les âges.

En France, la relève est assurée et Marie Laguerre, très active sur #balancetonporc, décide ce fameux jour de juillet d'envoyer bouler cet individu qui lui mime des actes sexuels et fait des bruits d'animaux à son passage. Elle l'insulte, le fameux « ta gueule ». Il la gifle devant un café. Les consommateurs tenteront de la défendre. L'un prend une chaise, puis, effrayé par la violence de l'agresseur, n'ose pas en découdre. Mais tous ces Français ont eu un élan collectif et un acte de bravoure. Marie postera sa vidéo sur les réseaux sociaux qui sera multidiffusé. Aux quatre coins du globe, les victimes de harcèlement sexuel, dans la rue, au travail, en famille, à l'école décident de passer à l'action.

En Italie, les femmes impriment par leur révolte le début d'une ère nouvelle. En Colombie, pays réputé pour son système patriarchique, les épouses, les mères, les sœurs commencent à se rebeller. Dans les pays arabes, en Inde, en Afrique, l'onde de choc se propage. Ici aussi, des voix se font entendre. Timidement. C'est un début.

La révolution est en marche, une seconde révolution féministe, vers l'égalité. Une révolution où il est question de respect, de limites auto-imposées, une marche vers un monde où les femmes ne se sentiraient plus importunées, instrumentalisées, dégradées, gênées. Un monde où une femme pourrait recevoir les hommages qui lui sont dus, dans la rue, dans un bar, un restaurant, mais avec dignité, courtoisie, respect. Un monde où elle se sentirait valorisée. Où elle pourrait se redresser sans avoir à détourner la tête pour éviter un regard appuyé, un geste grossier. Un monde où elle n'aurait plus à esquiver une main qui s'attarde en bas du dos, une poignée de main trop caressante. Un monde où elle pourrait prendre le métro sans craindre les frotteurs, monter des escaliers en jupe sans penser aux photographes qui pourraient glisser leur appareil en dessous.

Un monde où toutes les victimes de harcèlement sexuel – hommes, femmes, enfants, transgenres, Noirs, Blancs, Jaunes – lutteraient ensemble.

Un monde où les hommes se sentiraient les égaux des femmes, sans imposer leurs codes.

Un monde où la loi prendrait davantage en compte la parole des victimes, où les entreprises deviendraient des lieux « safe » et où la tâche des avocats et celle des juges serait facilitée.

Un monde où régnerait un simple mot.

Dignité.

Table

N° d'édition : L.01EBNN000584.N001
Dépôt légal : octobre 2018

Cet ouvrage a été mis en page par IGS-CP
à L'Isle-d'Espagnac (16)

Imprimé en France par CPI
en octobre 2018

N° d'impression : 148156